ars vivendi

Der Ausflugs-Verführer Region Hannover

Herausgegeben von Grit und Thomas Engelbrecht

Ein ars vivendi Freizeitführer

Autoren dieser Ausgabe:
Christiane Baer-Krause, Grit Engelbrecht,
Thomas Engelbrecht, Brigitte Lehnhoff

Idee und Konzeption:
Ulrich Schall, Gerhard Seidl und Linda Walz

Bildnachweis:
Christiane Baer-Krause: S. 13, 26, 43, 54, 144,
164, 173, 178, 188; Grit Engelbrecht: S. 60, 86,
92, 108; Thomas Engelbrecht: S. 21, 50, 66, 74,
97, 131, 137; Kulturamt Stadt Wunstorf: S. 81;
Brigitte Lehnhoff: S. 35, 114, 124, 152; Mindener Fahrgastschiffahrt GmbH: S. 103; Tourismus
Region Celle GmbH: S. 194; Tourismusverband
Region Hannover e. V.: S. 159; Tourist Information Stadt Hessisch Oldendorf: S. 119.

Erste Auflage 2003
© 2003 by ars vivendi verlag GmbH & Co. KG,
Cadolzburg
www.arsvivendi.com

Typografie und Ausstattung: Armin Stingl, Fürth
Lithografie: Reprostudio Schmidt, Nürnberg
Satz: Christine Richert, www.typoholica.de
Karten: Ingenieurbüro Dieter Ohnmacht, Frittlingen
Druck: Bosch-Druck, Ergolding

Printed in Germany

ISBN 3-89716-377-2

Inhalt

Vorwort

Kennen Sie diese Schrecksekunde? Donnerstags meldet sich lieber Besuch fürs Wochenende an. »Wir kommen mit Kind und Kegel, wollen eure Gegend mal unsicher machen.« Klar freuen Sie sich auf den Besuch, aber Sie fühlen sich auch unvorbereitet. Was könnte man unternehmen? Eigentlich hat man doch schon alles abgeklappert. Und überhaupt: Was hat die Region rund um Hannover schon zu bieten? Es gibt wahrlich gesegnete Landschaften, Bayern zum Beispiel oder die Ostseeküste. Aber Hannover ...?

Es ist wohl typisch Mensch anzunehmen, dass Reise- und Ausflugsziele umso interessanter wirken, je weiter sie von zu Hause entfernt liegen. Einspruch, liebe Leser! Die vier AutorInnen dieses Buches sind nach der Devise »Das Gute liegt so nah« vorgegangen. Man muss sich nur etwas Mühe geben, etwas genauer hinschauen und sich Zeit nehmen für den Weg und die Bewegung. Die AutorInnen des Buches haben alle 29 Touren selbst ausprobiert. Unser Ziel war eine lebendige Mischung unterschiedlicher Fortbewegungsarten und unterschiedlicher Ausflugsthemen. Sie können aus der Tourenliste wählen wie aus einer Speisekarte. Für jeden Geschmack sollte etwas dabei sein. Sie können sich zu Lande, zu Wasser oder in der Luft bewegen. An Ausrüstung brauchen Sie je nach Tour Spazierschuhe, Wanderstiefel oder Ihr Tourenfahrrad, Inlineskates, einen Heißluftballon oder Expressschlingen und Sicherungshaken zum Steilwandklettern. Sie können sich in schneeweißen Kanalschiffen einen Platz suchen, Kanupaddel in die Hand nehmen oder in kleinen Nussschalen über das große Meer »auswandern«.

Wenn Sie möchten, führt dieses Buch Sie zu Niedersachsens größtem Findling, einem 330-Tonnen-Koloss. Es weist Ihnen auch den Weg zu einem unscheinbaren Dorfkirchlein, das 900 Jahre alte, immer noch leuchtende Freskenmalereien birgt. Mit dem Buch lernen Sie Europas größtes Mausoleum derer zu Bückeburg kennen, Sie »schweben« über die Weser auf dem größten Wasserstraßenkreuz der Welt. Das Buch verführt Sie zum Besuch des ältesten noch bespielten deutschen Barocktheaters und es rät zur Besichtigung einer Renaissance-Kapelle, die Sie so komplett erhalten nördlich der Alpen nur hier bestaunen können. Ein letzter

Superlativ gefällig? Kommen Sie doch mit in den Dinopark: 160 lebensechte Dinosaurier wachen heute über die Stelle, wo sich 140 Millionen Jahre alte Trittsiegel der kolossalen Echsen im Sandstein erhalten haben.

Keine Angst, selbst die Felsenkletterei und die Skatertour durch den Großstadtdschungel verlangen – wie alle hier beschriebenen Ausflüge – keine sportlichen Höchstleistungen von Ihnen. Die Tourenvorschläge sind vor allem familienfreundlich. Der Ausflugs-Verführer ist auf praktischen Nutzwert angelegt. So finden Sie hier alle notwendigen Informationen zur Vorbereitung auf Ihren Ausflug. Ganz praktisch ist in den meisten Fällen auch die Anreise mit öffentlichen Verkehrsmitteln zu den Ausgangs- und Endpunkten der Touren. Da hat die Region Hannover seit der Expo 2000 mit dem S-Bahn-Netz eine tolle Infrastruktur zu bieten. Ob die Rattenfängerstadt Hameln, das Süntelgebirge, das Wasserstraßenkreuz in Minden, das Mühlenreich im Neustädter Land oder die 1000-Fachwerkhäuser-Stadt Celle – die meisten Ausflugsziele in der Region sind stressfrei und komfortabel mit der S-Bahn zu erreichen.

Die hier vorgestellten Ausflüge haben den AutorInnen viel Spaß gemacht. An so manchem Abend sind wir begeistert nach Hause zurückgekehrt, ganz satt und zufrieden von den Eindrücken und immer wieder überrascht davon, was wir zuvor nicht kannten. Es hat sich gelohnt, dass wir uns aufgerafft haben. Wir wünschen den Lesern und Nutzern des Ausflugsverführers die gleichen schönen Erfahrungen.

Grit und Thomas Engelbrecht

Es grünt so grün ...   1

Tour: Mit dieser Fahrradwanderung starten Sie gleichzeitig einen Ausflug ins Grüne und eine Rundtour um Hannovers City. Einzelne Etappen lassen sich prima als Anfahrtswege zu spannenden Ausflugszielen bis in die Innenstadt nutzen. Unterwegs sind Sie in der Eilenriede sowie auf Uferwegen von Maschsee, Ihme, Leine und Mittellandkanal.

Länge: Ca. 35 km.

Dauer: Tagestour mit Pausen und Besichtigungen.

Familie: Die Tour ist familientauglich, aber Achtung mit kleineren Kindern: Am »Schwarzen Bären« müssen Treppen überwunden werden. Der Weg am Kanal ist zwar breit, aber zum Wasser nicht abgesichert.

Saison: Ganzjährig.

Anfahrt: *ÖPNV:* S-Bahn bis Kleefelder Bahnhof. *Kfz:* Über die Kirchröder Straße oder Hans-Böckler-Allee Richtung Pferdeturm, dort in der Kleestraße parken.

Niedersachsens Landeshauptstadt blickt mit Stolz auf eine metropolische Rarität: Sie wuchert mit enorm viel Grün, und das bis ins Zentrum hinein. Allein dem Wald gesteht die Stadt mit 2 650 Hektar 13 Prozent ihrer Gesamtfläche zu, geizt auch nicht mit Raum für Parks, Uferzonen und Gärten aller Art. Spannend ist der Mix: Heimische Gehölze und exotische Blüher wachsen mal in Schutzgebieten wild vor sich hin, mal unter strengster Aufsicht in penibel gepflegten Anlagen vorbildlich in die vorgegebene Form. Dazwischen findet jeder Pflanzenfreund, was ihn selig macht.

Mit unterschiedlichen Großprojekten frönten die Hannoveraner durch die Jahrhunderte ihrem Faible fürs Gärtnerische und prägten so das multibotanische Stadtbild. Strenge und Gediegenheit strahlen die Königlichen Gärten in Herrenhausen aus. Mit Rhododendren, Rabatten und Springbrunnen biedert sich der Stadthallengarten an. Im Tiergarten regieren Hirsch und Wildsau unter ehrwürdigen Baumriesen. Mühle und Entengeschnatter am Annateich sorgen im luftigen Hermann-Löns-Park für beschwingte Heiterkeit. Und am künstlich angelegten Maschsee findet sich für jede Stimmung das passende Eckchen. Manchmal machten die Leinestädter aus der Not eine Tugend. So ließen sie an trostlosen Kanälen und hässlichen Baggerlöchern idyllische Biotope und kuschelige Uferzonen für Spaziergänger, Angler, Bade- und Grillfreunde erblühen. Zu allen Zeiten leisteten zudem die Besitzer privater Gärten ihren grünen Beitrag, allen voran Hannovers riesige Laubenpieper-Gemeinschaft, die in sage und schreibe 22 000 Kleingärten liebevoll Möhren und Kohlrabi, Dahlien und Rosen päppelt. Für Ausflügler und Alltagsradler ist Hannover die ideale Stadt. Fast immer führen autofreie Wege durchs Grüne dicht bis ans Ziel.

Die Eilenriede läuft dem Hydepark den Rang ab

Der Hinterausgang des Kleefelder Bahnhofs entlässt uns nach rechts durch die Senator-Bauer-Straße und die Scheidestraße bis zur Kleestraße. Dort parken die Auto-Anreiser. An der Petrikirche entfliehen wir dem Verkehr in Hannovers »Grüne Lunge«, die Eilenriede. Mit ihrer großen Tier- und Pflanzenvielfalt, den zahlreichen Denkmälern, alten Stadtwallresten und erhaltenen Wachtürmen, Liegewiesen, Spielplätzen, der Minigolfbahn, dem Trimmpfad und der Rodelbahn, den lauschigen Picknickplätzen und Waldcafés gilt sie als einer der schönsten und vielseitigsten Stadtwälder Europas, und als einer der größten dazu. Stolze 650 Hektar Wald mitten in der Stadt – da kann selbst der Hydepark in London nicht mithalten. 80 Kilometer Wege führen Spaziergänger, Jogger, Radler, Skater und Reiter von Kirchrode bis in die City, von der List bis zum Maschsee.

Auf dem dritten Parallelweg links radeln wir Richtung Bischofshol. Im Sommer bilden hoch über uns Laub und Nadeln mächtiger Bäume ein filigranes Blätterdach. Vor allem Eichen und Buchen haben hier vor langer Zeit ihre Wurzeln geschlagen. An den nächsten zwei Weggabelungen halten wir uns jeweils rechts, rollen dann unter dem breiten Bischofsholer Damm hindurch zur Waldwirtschaft Bischofshol. Der Biergarten ist lauschig anzusehen, die Gerichte sind lecker. Leider trübt Verkehrslärm die Idylle. Daran ist auch der Messeschnellweg schuld, den wir mit dem Weg vor dem Kiosk rechts unterqueren. Wir folgen der Chaussee geradeaus. Rechts schimmert eine riesige Wiese durch die Bäume. Auf der »Alten Bult« rannten früher Pferde um die Wette, heute fungiert sie als Hannovers größter Tummelplatz für Hunde. Am Waldrand stoßen wir auf die Wolfstraße, fahren auf ihr unter der

Bahn hindurch, stoßen dahinter rechts gleich wieder in den Wald und folgen den Hinweisschildern zum Döhrener Turm. Dort überqueren wir die Hildesheimer Straße und radeln durch den kleinen Park zum Maschsee.

Aus der Wiese gebuddelt

Rund 50 Jahre wurden Pläne geschmiedet. Doch erst in den 1930er-Jahren buddelten Arbeiter den Maschsee aus der Leinemasch – im Rahmen einer Arbeitsbeschaffungsmaßnahme per Spaten! Heute ist er Hannovers Haussee und Magnet für Wassersportler, Jogger und Skater, Sonntagsspaziergänger und Entenfütterer. Sein Ufer hat viele Gesichter: Palmenbestückt prunkt platzartig die Promenade am Nordufer. Dreispurig zieht die Flanierallee am Ostufer an Stegen, Vorsprüngen und Gastrobetrieben vorüber. Am »wilden« Westufer säumen Bäume, Büsche und Kopfweiden gewundene Wege. Am Südufer ist der Besuch des Strandbades Kult. Auch die Seemitte lässt sich entern, aktiv per Tretoder Ruderboot, bequemer mit dem Fahrgastschiff der Üstra, das im Zickzackkurs die Anleger bedient.

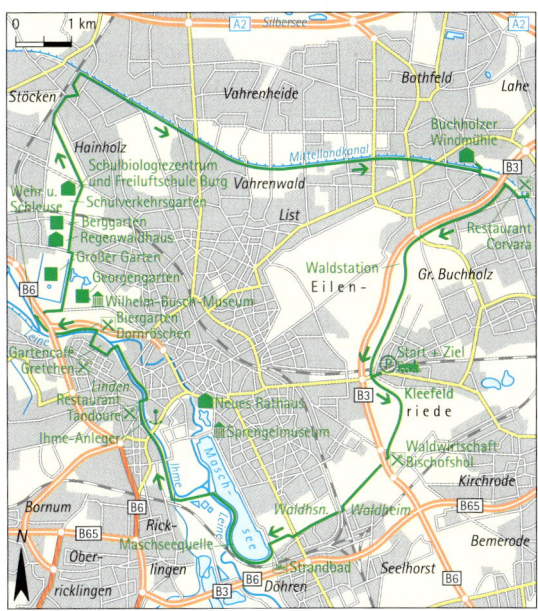

Wer nicht baden will, umfährt das Strandbad. Durch die Bäume blinzeln der See und Hannovers Wahrzeichen, das Neue Rathaus. Der wilhelminische Prunkbau steht auf 6 026 Buchenpfählen im feuchten Maschgrund am Rand der Innenstadt. Ein Schrägfahrstuhl führt zur Aussichtsplattform in der Kupferkuppel. Weiter rechts thront modern und sachlich das Sprengelmuseum. Es birgt eine umfangreiche Kunstsammlung des 20. Jahrhunderts, vor allem Werke des Dadaismus, Sonderausstellungen und eine gut sortierte Kunstbuchhandlung.

Stadtkontakt

Am Westufer stoßen wir bald auf einen roten Backsteinbau mit Wasserspielen im Hof. Aus dieser »Maschseequelle« floss früher Leinewasser in den See. Heute regelt das Grundwasser der Ricklinger Masch den Pegelstand. Wir überqueren die Schwienbrücke und folgen rechts auf einem kleinen Deichweg der Leine. An der nächsten Brücke informiert uns eine Infotafel über das alte Wasserkraftwerk am »Schnellen Graben«. Ihn begleiten wir nach links auf dem Ohedamm. Die wunderschöne Allee führt uns über die Ihme. Ihr folgen wir nach rechts. Am anderen Ufer reckt sich im kühlen Containerlook die Jugendherberge zum Wasser hin. Linker Hand erheben sich bald Häuser, dann entdecken wir den Garten des türkischen Spezialitätenrestaurants Tandoure. Am Anleger gegenüber startet vielleicht gerade die »Wappen von Hannover« zu Charter- und Erlebnisfahrten auf Ihme, Leine und Mittellandkanal. Egal, ob wir rasten, schippern oder weiterfahren wollen – hier müssen wir absitzen. Eine steile Treppe mit Minirampe führt hinauf zur Kreuzung »Schwarzer Bär« mitten in den Lindener Stadtverkehr. Vor uns türmt sich gigantisch das klotzige Ihmezentrum auf. Die unwirtliche architektonische Verfehlung aus den 1960er-Jahren zwingt uns zum Uferwechsel über die Brücke der Gustav-Bratke-Allee. Gleich wieder im Grünen entdecken wir drüben die stählerne Straßenkunst »Große Begehbare«.

Industriebrachenflair oder Laubenpieperambiente gefällig?

Nachdem wir das Heizkraftwerk mit den drei riesigen Schornsteinen passiert haben, wechseln wir über die Justus-Garten-Brücke auf die linke Uferseite zurück und gelangen zur rot geklinkerten Industriebrache der alten Lindener Bettfedernfabrik, heute Sitz des Kulturzentrums Faust mit dem gemütlichen

Das Neue Rathaus

Gartencafé *Gretchen*. Vom Weg aus sehen wir durch glaslose Fenster unter freiem Himmel schon die Biertische zwischen raschelnden Bambusbüschen stehen. Wer für eine Erfrischungspause das Laubenpieper-Ambiente bevorzugt, findet eine Alternative im Biergarten *Dornröschen*. Wir erreichen ihn nur wenig weiter hinter dem Zusammenfluss von Leine und Ihme über die Leinebrücke Brackebuschstraße. Wenn wir dem Fluss nach links folgen, können wir die beiden Tischreihen mit Blick auf den Sportbootverkehr nicht verfehlen. An schlechteren Tagen ist die Cola oder das »Kühle Helle« auch drinnen zu haben. Weiter geht's durch die Kleingartenkolonie Dornröschen, dann links unter dem Westschnellweg hindurch bis zu einem alten Schleusenhaus. Dort biegen wir links ab und parken die Räder zur Kurzbesichtigung der kleinsten Schleuse Hannovers. Das historische Bauwerk entstand um 1760 und ist damit auch eine der ältesten Schleusen Europas. Im Rahmen des Expo-Projekts »Stadt als Garten« wurde sie nach alten Vorlagen restauriert. Jetzt ist sie wieder funktionstüchtig, aus Sicherheitsgründen aber nicht in Betrieb.

Sehenswert sind auch das benachbarte neue Wehr und die Fisch-
aufstiegsanlage. Sie ist Bestandteil des niedersächsischen Fließ-
wasserschutzprogrammes und bietet sämtlichen Leinefischen
Gelegenheit zum Auf- und Abstieg.

Wo Könige wandelten

Einige Meter fahren wir wieder zurück, dann gleich links unter
der Brücke hindurch, dahinter wieder links und rechts in die
Anliegerstraße In der Steintormasch. Vor uns liegen die Herrenhäuser Gärten. Geradeaus gelangen wir in den Georgengarten,
eine Parkanlage im englischen Stil. Von der Lindenallee klingt
sicher der dumpfe Aufprall von Boulekugeln herüber und am
Leibniztempel vorbei über Lavesbrücken hinweg streben Freunde
von Witz und Humor dem Wilhelm-Busch-Museum entgegen.
Es zeigt Bilder, Zeichnungen und Erinnerungsstücke an den alten Meister sowie Wechselausstellungen historischer und zeit-
genössischer Karikaturisten.

Biegen wir links in den Weg An der Graft, liegt linker Hand
der Große Garten. Er gilt als schönste Barockanlage Deutschlands, imponiert mit streng geometrischen Anpflanzungen, or-
namentalen Blumenrabatten, Skulpturen, Wasserbecken und
großen Fontänen, Irrgarten, Sondergärten, Gartentheater, Galerie-
gebäude und Orangerie. Entstanden ist er bis 1714 nach einem
Entwurf von Charbonnier und Leibniz im Auftrag der Kurfürs-
tin Sophie. Neu ist die Blaue Grotte von Hannovers Ehrenbürge-
rin Niki de Saint Phalle. Einlass ist vorne an der Herrenhäuser
Straße. Gegenüber liegt der botanische Berggarten mit Mausoleum und Schauhäusern für Orchideen, Kakteen und tropische
Pflanzen. Auch das Regenwaldhaus ist dort angesiedelt. Im
Tropenbiotop zwischen Felswänden und Wasserfall erfahren
Besucher unter einer riesigen Glaskuppel über Schautafeln und
Kopfhörer (kindgerecht) einiges über das komplizierte Sozial-
system tropischer Fauna, über die nächtliche Kommunikation
der Urwaldtiere oder über den Zusammenhang zwischen Staub-
stürmen der Sahara und der Vitalität des Regenwaldes.

Wo Fledermäuse Mücken jagen

Rechts neben dem Berggarten fahren wir in den schmalen Burg-
weg und folgen ihm über die Haltenhoffstraße hinweg, unter
der Bahn hindurch vorbei am Schulbiologiezentrum, an der Frei-

luftschule Burg und am Schulverkehrsgarten. An der abknickenden Vorfahrt geht es weiter geradeaus, wieder zwischen Kleingartenkolonien hindurch, über die nächste Querstraße hinweg in den schmalen langen Grünzug des Kleingartenvereins Burgfrieden. Ganz am Ende erreichen wir den Vinnhorster Weg. Seinem Radweg folgen wir nach rechts, überqueren die Straße Rehagen und die Schulenburger Landstraße, fahren rechts und sofort links durch eine Fußwegverbindung in die Straße Rundshorn. An ihrem Ende stoßen wir mit einem Links-Rechts-Schlenker in die Dammstraße und biegen an ihrem Ende rechts auf den Uferweg am Mittellandkanal. Ohne auf eine Wegbeschreibung achten zu müssen, haben wir nun rund 12 Kilometer lang Muße, den Binnenschiffern zuzuwinken und ihre dicken Kähne zu bewundern. Sobald wir auf der anderen Uferseite die Buchholzer Windmühle entdecken, merken wir auf. Wollen wir den Galerieholländer besichtigen oder unter seinen Flügeln am Wasser edel und vorzüglich speisen, wechseln wir über die nächste Brücke das Ufer. Eine rustikalere Einkehralternative mit leckeren Rippchen vom offenen Grillfeuer finden wir ebenfalls direkt am Wasser im Corvara, wenn wir wenig weiter noch den Schnellweg unter- und danach die Schierholzbrücke überqueren.

Den Kanal verlassen wir zwischen beiden Restaurants zusammen mit dem von Lärmschutzwänden flankierten Schnellweg gen Süden. Ein Grünzug führt uns über die Pasteurallee, die Pinkenburger Straße und die Roderbruchstraße zum Weidetorkreisel. Ihn umrunden wir zur Hälfte im Uhrzeigersinn, fahren ein kurzes Stück den vom Schnellweg abfahrenden Autos entgegen, biegen dann mit dem Radweg links ab zum Wald. An einem Miniparkplatz halten wir uns rechts und erreichen das ehemalige Vogelschutzgehölz, dessen Schauhaus 2001 niederbrannte. Die neue »Waldstation« informiert ab Ende 2003 auf einem vergrößerten Gelände und in den Ausstellungs-, Vortrags- und Arbeitsräumen eines attraktiven Neubaus über Vogelleben, Fledermäuse, Ameisen, Amphibien und andere waldökologische Schwerpunkte. Parallel zur Kleefelder Kleestraße radeln wir im Wald zurück zum Ausgangspunkt.

Christiane Baer-Krause

15

Informationen:

Tourismusverband Hannover Region e.V., Prinzenstraße 12, 30159 Hannover, Tel. 05 11/3 66 19 81, Fax 05 11/ 3 66 19 97, Info@Tourismus.hannover.de, www.tourismus-hannover.de, www.hannover.de

Waldstadion, ehemaliges Vogelschutzgehölz in der Eilenriede, Infos zu den Öffnungszeiten im Forstamt, Langensalzerstr. 17, 30169 Hannover, Tel. 05 11/16 84 87 60.

Maschsee-Strandbad, Rudolf-von-Bennigsen-Ufer 81, 30519 Hannover, Tel. 05 11/83 69 01, 15. Mai–13. Aug tägl. 9.00–19.30.

Neues Rathaus, Trammplatz 2, 30159 Hannover, Tel. 05 11/16 84 53 33, Fahrstuhlfahrten zur Kuppel Apr– Okt Mo–Fr 9.30-18.00, Sa, So, Fei 10.00-18.00.

Sprengelmuseum, Kurt-Schwitters-Platz, 30169 Hannover, Tel. 05 11/16 84 38 75, Fax 05 11/16 84 50 93, Di 10.00-20.00, Mi–So 10.00-18.00, Sprengel-Museum@Hannover-Stadt.de, www.sprengel-museum.de

Wilhelm-Busch-Museum/Deutsches Museum für Karikatur und kritische Grafik, Georgengarten 1, 30167 Hannover, Tel. 05 11/16 99 99 16, Fax 05 11/16 99 99 99, information@Wilhelmbuschmuseum.de, Sommer: Di– Sa 10.00-17.00, Sa, So, Fei 11.00-18.00, Winter: Di– Sa 11.00-18.00

Regenwaldhaus im Berggarten, 30419 Hannover, Herrenhäuser Str. 4a, Tel. 05 11/1 26 04 20, Fax 05 11/ 12 60 42 22, info@regenwaldhaus.de, www.regenwaldhaus.de, Mo–Do, So 10.00-19.00, Fr, Sa 10.00-22.00

Hotel Bischofshol, Bemeroder Str. 2, 30559 Hannover, Tel. 05 11/95 39 00, tägl. 7.00-23.00, Mai–Sep So 11.00-14.00 Jazz im Biergarten, bischofshol@t-online.de, www.hotel-bischofshol.de

Restaurant Tandure, Deisterstr. 17 a, 30449 Hannover, Tel. 05 11/45 36 70, www.tandure.de, tägl. ab 18.00, anatolische Spezialitäten zu zivilen Preisen.

Dornröschen, In den Kämpen 54, 30167 Hannover, Tel. 05 11/70 32 70, tägl. 14.00-24.00.

Biergarten Gretchen, Zur Bettfedernfabrik 3, 30451 Hannover, Tel. 05 11/4 58 41 70, Sommer tägl. ab 12.00.

Buchholzer Windmühle, Pasteurallee 30, 30655 Hannover, Tel. 05 11/64 91 38, Fax 05 11/6 47 89 30, Di–Fr 17.00–23.00 (Tischreservierung empfehlenswert).

Kaminrestaurant Corvara, Nansenufer 1, 30655 Hannover, Tel. 05 11/6 47 88 65, Fax 05 11/6 49 86 78, Jan–Apr Mo–Mi Ruhetage, www.corvara.de

Karten:

Radwanderkarte Niedersachsen, Nr. 30 Hannover und Umgebung, Karte und Begleitheft, Landesvermessung und Geobasisinformation Niedersachsen (LGN), 1:75 000.

Der Grüne Ring, Karte und Begleitbuch, Kommunalverband Großraum Hannover, 1:35 000.

Eilenriedekarte.

17

2 Auf Inlinern durch die grüne Unterwelt

Tour: Inliner-Tour durch den Großstadtdschungel Hannovers. Wir rollen durchs Herz der Landeshauptstadt, fast ausschließlich auf idyllischen Wegen abseits des tosenden Autoverkehrs. Startpunkt ist das Maschsee-Strandbad.

Länge: Ca. 15 km.

Dauer: 1 1/2 Stunden.

Familie: Die Tour ist kein Übungsparcour. Für Anfänger ist sie zu weit, kleinen Kindern fehlt sicherlich die nötige Kondition.

Saison: Skaten ist ein Sommersport. Aus Sicherheitsgründen sollte man nicht bei Regenwetter starten, denn die Gefahr von Stürzen auf rutschigen Fahrbahnen ist recht groß.

Besonderheiten: Wir empfehlen dringend, mit der vollen Schutzausrüstung zu skaten: also nur mit Helm sowie Hand-, Ellenbogen- und Knieschützern auf die Asphaltpiste. Verkehrsrechtlich gesehen werden Skater auf allen Wegen lediglich geduldet. Schon aus diesem Grund empfiehlt sich eine defensive und vorausschauende Fahrweise. Ansonsten gelten folgende Verhaltensregeln: Auf Autostraßen fahren Skater rechts, in Gruppen hintereinander. Vor dem Überholen von Radfahrern und Fußgängern geben sie ein akustisches Signal mit der Fingerklingel.

Anfahrt: *ÖPNV*: Stadtbahnlinien 1, 2 oder 8 bis Haltestelle Döhrener Turm, dann über den Vierthalerweg zum Strandbad. *Kfz*: Über das Rudolf-von-Bennigsen-Ufer zum Parkplatz des Strandbades.

Feierabend–Skaten gegen Stress

Findige Gastronomen haben sich schon auf die veränderten Lebensgewohnheiten aktiver Großstadtmenschen eingestellt: Der eine bietet mittwochs die »After-Work-Party«, beim anderen kann man sogar täglich seine Party haben. Wir empfehlen bei Stress und Hektik eine Feierabend-Skatertour. Es ist erstaunlich, wie leicht wir auf den flinken Rollen der Großstadthektik entfliehen können und den Kopf frei bekommen, ohne dass wir uns wirklich entfernen.

Beim Start vor dem Eingang des Maschsee-Strandbades erkennen wir, wo wir nach der Tour den Abend bei einem Schoppen oder Weißbier gemütlich ausklingen lassen können. Seit einigen Jahren gibt es direkt neben dem Strandbad einen Skater-Biergarten. Wir umrunden die Südspitze des Maschsees auf dem Karl-Thiele-Weg, lassen die Schwienbrücke links liegen und rollen zwischen der Leine zur Linken und dem Maschsee zur Rechten auf einem etwa 50 Meter breiten Landstreifen. An lauen Sommerabenden entwickelt sich dieser Streckenabschnitt zur Hauptmagistrale für Hannovers Skater und Jogger, die sich rund um den Maschsee abarbeiten. Aber keine Angst: Wir bekommen gleich Distanz zum allgemeinen Trubel. Es geht vorbei an den Vereinsheimen mehrerer vornehmer Ruder- und Kanuclubs, dann rollen wir nach links auf die Papageienbrücke und überqueren die Leine.

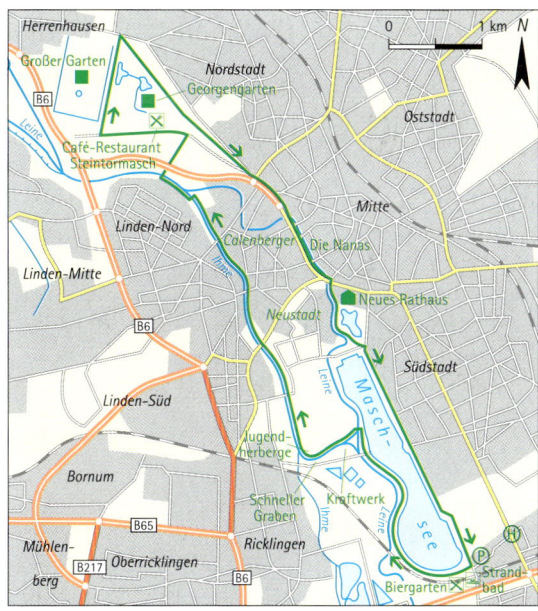

19

Strom aus dem Schnellen Graben

Gleich hinter der Brücke halten wir uns an der Weggabelung links und rollen auf den Ferdinand-Wilhelm-Fricke-Weg. Wasser und Auenlandschaft bleiben unsere bestimmenden Elemente. Wir sind jetzt an der Stelle, wo sich die Leine und der Schnelle Graben trennen, jener künstliche Wasserablauf in die Ihme, den die Hannoveraner schon 1651 bauen ließen, um das Hochwasser der Leine zu zähmen und die Stadt vor Überschwemmungen zu schützen. Ein Wehr markiert den beträchtlichen Höhenunterschied zwischen den Wasserläufen. Seit 1922 steht hier ein kleines Wasserkraftwerk, in dem die Stadtwerke noch heute Strom produzieren. Zwei große Schachtturbinen liefern Strom für maximal 1 500 Haushalte.

Rechts von uns liegt jetzt, verborgen hinter einem dicht überwucherten Damm, Hannovers großer Sportpark. In einer sanften Rechtskurve – wir nähern uns der Ihme – steht auf diesem Damm eine moderne Jugendherberge. Der Bau aus Glas und Stahlträgern streckt sich Richtung Ihme, wir rollen quasi unter der großen Freiterrasse aus Stahlträgern und Holzbohlen hindurch. Über dem Damm lugen jetzt die Flutlichttürme des Niedersachsenstadions hervor, sonst bleibt das mächtige Rund für uns Skater hier unten am Ihme-Ufer unsichtbar. Unser »niedriges Niveau« auf Flusshöhe macht den eigentlich Reiz der Tour aus. Auf dem folgenden Streckenabschnitt durch die Calenberger Neustadt huschen wir wie die Mäuse unter Hauptverkehrsadern hindurch: Brüningstraße, Gustav-Bratke-Allee, Spinnereistraße. Erstaunlich, wie weit der Straßenverkehr entfernt zu sein scheint, dabei rollen wir doch nur eine Etage tiefer auf unserem irgendwie exklusiven, grünen Weg dahin. Wir flitzen über den Peter-Fechter-Uferweg, kommen am Jugendzentrum Glocksee vorbei und erreichen die Justus-Garten-Brücke. Die nehmen wir, aber Vorsicht: Der Belag dieser Brücke ist sehr rau und bremst die kleinen Rollen stark.

Gärtnerisches Großkunstwerk

Nach der Brücke biegen wir rechts ab und rollen nun erstmals am rechten Ihme-Ufer entlang, passieren gleich den Zusammenfluss von Ihme und Leine und benutzen die nächste Brücke (Brackebuschstraße) um die Leine zu überqueren. Diese breite Brücke ist allein Skatern, Radfahrern und Fußgängern vorbehalten. Wir flitzen wieder unter einer der Hauptverkehrsadern hindurch, diesmal ist es die Schnellstraße Bremer Damm, kreuzen die Straße Am Moritzwinkel und rollen durch die Kleingarten-Kolonie Königsworth. Das Grün der Laupenpieper kündigt an, dass wir uns den königlichen Gartenanlagen Hannovers nähern.

An der nächsten Kreuzung lenken wir unsere Inliner nach links in die Steintormasch – Achtung: Hier teilen wir die Straße erstmals mit Autofahrern und halten uns natürlich regelgemäß ganz rechts. An der Steintormasch liegt ein gleichnamiges Café-Restaurant. Wir haben etwa die Hälfte unserer Stadtdschungel-Tour hinter uns, wer jetzt nachfüllen muss, könnte es hier tun. Wir rollen weiter durch die Kleingartenanlage Georgengarten. Am Ende des Schreberreviers biegen wir nach rechts in die Straße An der Graft und nun rückt Hannovers botanisches Juwel in unseren Blick: der Große Herrenhauser Garten. Schnurgerade spannt sich das Asphaltband entlang der Graft, dem Wassergraben, der den königlichen Garten vom Rest der Welt trennt.

Pavillon im Herrenhauser Garten: Beim Inlinefahren genießen wir Hannovers botanisches Juwel.

Am Ende des gärtnerischen Großkunstwerkes biegen wir nach rechts in den Walter-Großmann-Weg ein, die lang gestreckte, zentimetergenau angelegte Allee durch den Georgengarten. Wir genießen auch auf den folgenden 2 Kilometern eine großzügig gestaltete Landschaft, die daran erinnert, dass Hannover bis 1866 Residenzstadt und Königssitz war.

Gruß an die dicken Nanas

Wir erreichen den Königworther Platz und sind damit Teil des tosenden Straßenverkehrs. Also Vorsicht! Wir überqueren an der Fußgängerampel die Nienburger Straße und steuern den Radweg auf der linken Seite der Brühlstraße an, die in die »Skulpturenmeile« übergeht. Vorsicht bitte beim Kreuzen der Goethestraße: Die Straßenbahnschienen bringen Skater wirklich leicht ins Straucheln. Wir kommen heil hinüber und haben es jetzt eilig, denn wir wollen Hannovers buntesten Wahrzeichen, die auf keiner Touristenbroschüre fehlen dürfen, Guten Tag sagen. Am Leibniz-Ufer stehen die opulenten »Nanas« der 2002 verstorbenen französischen Künstlerin Niki de Saint Phalle.

In Höhe der Karmarschstraße wechseln wir wieder die Straßenseite und rollen in die Culemannstraße, die am Maschpark mit dem Neuen Rathaus vorbeiführt. Das bringt uns die Ruhe und den Maschsee zurück, dessen Nordufer wir jetzt erreichen. Entlang des Rudolf-von-Bennigsen-Ufers genießen wir den weiten Blick auf den Maschsee. Jetzt ein Lokal zu empfehlen wäre Autorenpflicht, doch es gibt – Hannoveraner wissen das – um das größte Freizeitgewässer der Landeshautpstadt viele Möglichkeiten. Uns zieht es zum Startpunkt der Tour und damit in den Skater-Biergarten am Strandbad. Die Magistrale am See ist ziemlich bevölkert von bewegungshungrigen Stadtmenschen, und wir sind angesichts der »Verkehrsdichte« froh, dass wir uns durchs Unterholz des Großstadtdschungels geschlagen haben.

Thomas Engelbrecht

22

Informationen:

Inline-Schule-Hannover, Olaf Bertram, Suthwiesenstr. 33, 30519 Hannover, Tel. und Fax 05 11/9 20 47 66 oder Tel. 01 77/7 61 21 11, info@inline-schule-hannover.de, www.inline-schule-hannover.de, Kursangebote für Anfänger, Aufbaukurse, Konditionstraining, Marathon-Vorbereitung und Betriebssport.

Führung durch das Wasserkraftwerk »Schneller Graben« nach Vereinbarung (Besucherdienst der Stadtwerke Hannover, Giselher Hopfe, Tel. 05 11/4 30 26 07, kommunikation@enercity.de), Dauer ca. 2 Std.

Café-Restaurant Steintormasch, In der Steintormasch 5, 30167 Hannover, Tel. 05 11/70 07 17, Di–So ab 11.00

Maschsee-Inline-Biergarten, Rudolf-von-Bennigsen-Ufer 81, 30519 Hannover, Ostern–Mitte Okt Mo–Sa ab 15.00, So ab 11.00. Hockey-Court, Hindernisparcours, Halfpipes und Skatebahnen neben dem Biergarten.

3 Tüpfelsumpfhuhn toppt Torte

Tour: Radtour für Vogel- und Tortenliebhaber vom S-Bahnhof Laatzen/Messe durch den Park der Sinne (siehe Tour 5) ins Naturschutzgebiet Alte Leine, um die Wilkenburger Teiche herum, durch das Naturschutzgebiet Sundern über Devese zum *Galerie-Café Webstuhl*. Tortensatt zurück über Arnum und Harkenbleck zum Vogelbeobachtungsturm und Wasser-Erlebnispfad nahe am Ausgangspunkt.

Länge: Ca. 25 km.

Dauer: Nachmittags- bis Tagestour, je nach Dauer der Pausen und Aufenthalte.

Familie: Die Gesamttour eignet sich für »große« Naturfreunde, ggf. mit Kleinkindern hinten drauf. Kindergarten- und jüngeren Schulkindern macht die kurze Variante mit Pausen am Rodelberg und auf dem Spielplatz am Wiesenhaus, einem Besuch im aquaLaatzium oder dem Luftfahrtmuseum mehr Spaß. Interessant ist die Kurztour auch für Spaziergänger, die sich mehr Beobachtungszeit für die Vögel nehmen oder den Wasserlehrpfad ausgiebig erkunden möchten.

Saison: Ganzjährig, aber Zugvögel sind nur im Frühjahr und Herbst anzutreffen. Bei Hochwasser ist die Tour unmöglich.

Besonderheiten: Fernglas, Vogelbestimmungsbuch und evtl. Mückenschutz mitnehmen.

Varianten: Ca. 8 km langer Rundkurs durch die Leinemasch. Start wie Gesamttour bis zum Parkplatz im Peterskamp. Dort links Am Hohen Ufer entlang, dann rechts über die Leine zum Startpunkt des Wasserlehrpfades. Später am Wasserwerk vorbei immer geradeaus. Am Vogelbeobachtungsturm nach rechts den blauen Markierungen zum Wiesenhaus folgen. Von dort aus auf der Zufahrtsstraße die Leine überqueren, dann rechts und hinter dem Rodelberg links zurück zum Ausgangspunkt.

Anfahrt: *ÖPNV:* S-Bahnhof Hannover Laatzen/Messe. *Kfz:* Über die Hildesheimer in die Kronsbergstraße, dann rechts in der Karlsruher Straße parken.

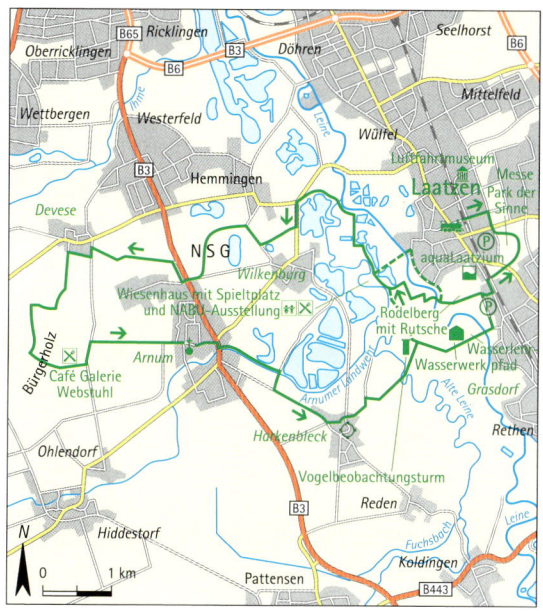

In der Masch zwischen Laatzen und Döhren ist die Welt wieder einigermaßen in Ordnung. Hier haben sich Mensch und Natur nach einigem Gerangel arrangiert. Vor 500 Jahren hatte der Mensch die Flusslandschaft radikal verhunzt. Vom einst dichten Auwald zeugen heute nur noch die mächtigen Baumgestalten entlang der Leine und ihren Nebenarmen. Doch die gaben das Land nicht her und schlängeln sich heute wieder weitgehend ungehindert durch die Auen. Wenn das Wasser im Herbst und Frühjahr naturgemäß über die Ufer schwappt, nehmen die Anrainer die Nachricht vom »Land unter« der Verbindungsstraßen und den erzwungenen Umweg in die Stadt nur noch mäßig murrend zur Kenntnis. Inzwischen wissen sie Bescheid: Wenn das Wasser wieder weicht, wimmelt es auf den Wiesen von Insekten, Fröschen und anderen Feuchtbiotoplern. Und das danken mit dem Storch viele andere z.T. geschützte Arten wie auch die übrige Natur, die hier in Ruhe gelassen wieder durch biologische Vielfalt glänzt.

Ab in die Auen

Vom S-Bahnhof aus Stahl und Glas führt der Skywalk zur Messe. Durch diese Röhre gleiten Ausstellungsbesucher per Laufband direkt aufs Gelände. Wir radeln darunter bis zur Karlsruher Straße, biegen dort rechts ab, überqueren die Kronsbergstraße geradeaus und schieben unsere Räder nach ca. 100 Metern links in und durch den Park der Sinne (siehe Tour 5). Schräg rechts ragen am anderen Ende gebündelte Stahlstreben gen Himmel. Sie gehören zur Konstruktion der geschwungenen Brücke, auf der wir die Hauptstraße überqueren. Drüben radeln wir geradeaus, unter der Bahn hindurch, fahren auf der Hildesheimer Straße ein kurzes Stück nach links und biegen gleich rechts in den Peterskamp. Dort stoßen wir auf einen Parkplatz. (Wer die kurze Tour gehen möchte, folgt ab jetzt der Variante.) Rechts sehen wir hinter dem Sportplatz das aquaLaatzium liegen. Das Erlebnisbad mit Strömungskanal, 80-Meter-Riesenrutsche, Wassergrotte, Wasserspielgarten, Whirlpool, verschiedenen Saunen, Dampf- und Solebad, Fitnessbereich und weiteren Wellness-Topps verdient irgendwann einen Extrabesuch. Jetzt fahren wir ab in die Auen, geradeaus am Sportplatz vorbei und am Rodelberg entlang. Dichtes Gebüsch versperrt uns hier die Sicht nach oben. An der steilen Wellenrutsche können wir aber hinaufsteigen und uns einen Überblick verschaffen. Weiter geht es danach über eine Kreuzung hinweg auf einen kleineren Weg, der uns zur Leinebrücke führt. Am anderen Ufer lassen wir Kleingärten links liegen, erreichen einen Miniparkplatz und fahren nach rechts weiter. Der

Der Leinearm führt zum Wiesenhaus.

Weg knickt einige Male ab. Wir verlassen ihn nach links mit dem Bemeroder Bleeck und gelangen zum Laatzener Luftbad.

Rustikal rasten am Wiesenhaus

Früher wurde hier im Freibad getobt. Doch Wasser führt heute nur noch die Alte Leine in einer Schleife um das idyllische Plätzchen im Auenwald herum. Dennoch ist das grasbedeckte Wiesenhaus mit überdachter Terrasse und Grillplatz ein beliebtes Ziel geblieben. Auf der großen Wiese samt Spielplatz lässt es sich toll toben. Picknickausflügler packen hier ihre Siebensachen aus. Wer will, mietet einen Grill. Wer lieber einkehrt, bekommt Würstchen mit Pommes, Bratkartoffeln mit Sülze oder Matjes und ähnlich Rustikales serviert. Kaffee, Kuchen und Eis gibt's natürlich auch. Vogelfreunde zieht es nach nebenan. Dort informiert in einer kleinen Station der Naturschutzbund (NABU) über Flora und Fauna in der Leinemasch. Mitglieder geben sonntags Auskunft auf alle Fragen und führen nach Absprache auch an anderen Tagen Gruppen und Schulklassen durch die Natur.

Von hier aus setzen wir unseren Ausflug bis nach Devese auf dem »Grünen Ring« fort, den wir an den blauen Stelen erkennen (siehe Tour 5). Der kleine, geklinkerte Weg schräg links führt uns wie auf einem Damm durchs Wasser. Am Ende stoßen wir auf einen breiteren Weg, folgen ihm kurz nach links, dann nach rechts und durch einige Knicke bis über eine kleine Holzbrücke über die Alte Leine hinweg. An der T-Kreuzung geht es nach links und bald stoßen wir auf Autoverkehr. Ein kurzes Stück begleiten wir auf dem Radweg nach links die Straße nach Wilkenburg, biegen aber schon vor dem Ortseingang rechts in einen sandigen Wirtschaftsweg ein. An der nächsten T-Kreuzung fahren wir wieder rechts und folgen dem Weg in einer weiten Linkskurve durch das Naturschutzgebiet Sundern. Mit seiner verlandenden Leine-Schleife, dem großen Weiden-Erlen-Bruchwald und seiner Artenvielfalt bei Vögeln, Faltern und Sumpfpflanzen ist es eines der ältesten Schutzgebiete Niedersachsens.

Im Wäldchen halten wir uns links, radeln dann am Waldrand entlang und auf einem kleinen Wirtschaftsweg wieder links. Vor uns tauchen Häuser auf. Sie gehören zu Arnum. An der Hauptstraße biegen wir rechts auf den begleitenden Radweg, kehren den Autos aber wenig später wieder den Rücken, fahren nach

links über die Straße hinweg in einen blau markierten Wirtschaftsweg. Auf ihm erreichen wir Devese. Dort schlagen wir einen
Links-rechts-Haken und radeln am Ortsrand entlang bis zu einer T-Kreuzung. Hier verlassen wir den »Grünen Ring« nach
links. Ganz am Ende des Betonweges wenden wir uns nach rechts.
Vor uns liegt in der Ferne der Deister. Kurz nachdem unser Weg
nach links abgeknickt ist, entdecken wir rechts einen großen
geschützten Waldameisenhaufen und radeln wenig später ins
Bürgerholz. An einer kleinen Kreuzung im Wald fahren wir nach
links und erreichen auf diesem Weg das *Galerie-Café Webstuhl*.

Die Eierlikörtorte ist erste Sahne

Eingebettet in einen liebevoll angelegten Garten kuschelt sich
das alte Forsthaus an den Wald. Im Sommer wecken Nischen
mit Tischen und Stühlen im Landhausstil und in klassischem
Design Lust zur Einkehr. Dumpingpreise gibt es hier nicht, dafür
aber tolle Torten und andere kulinarische Leckereien in stilvol-
lem Ambiente. Zwischen üppiger Blütenpracht lassen wir uns
nach Belieben vor oder hinter dem Haus nieder und bestellen
uns kühle Getränke, leckeres Eis oder etwas Herzhaftes. Es sei
denn, der Geheimtipp ist noch nicht aus. Dann nämlich gehört
die hausgemachte Eierlikörtorte unbedingt auf den Tisch. Ge-
schmackvoll ist auch die Inneneinrichtung. Modernes und Anti-
kes harmonieren, dazwischen dürfen wir heiße Schokolade
genießen und dabei wechselnde Ausstellungen betrachten oder
Schmuck und Designobjekte erwerben. Vor Jahren gingen hier
Stoffe, Wolle und Garne über den Ladentisch – damals, als der
Webstuhl noch nicht auf dem Speicher stand und die Bewirtung
in der kleinen Teestube zweitrangig war.

Tüpfelsumpfhuhn in Sicht

Tortenschwer treten wir den Rückweg an, steuern links zur
Hauptstraße, rumpeln wieder links auf dem Trampelpfad ein Stück-
chen neben ihr her und halten dann auf dem ersten Wirtschaftsweg nach rechts geradewegs auf Arnum zu. An der modernen
Kirche vorbei radeln wir in den Ort hinein. An der Ampel geht's
nach rechts und gleich nach einer Weinhandlung auf der rechten Seite links in einen unscheinbaren Fuß-Rad-Weg hinein. Auf
ihm begleiten wir einen kleinen Bach, die Arnumer Landwehr.
Erst an der T-Kreuzung vor den Kiesteichen verlassen wir sie

nach rechts und folgen dann links auf dem Radweg der kaum befahrenen Straße nach Harkenbleck. An einer kleinen Kreuzung fahren wir links in die Straße Im Häge und erblicken rechts oben eine historische Kapelle. Die Wehrkirche von 1412 birgt eine Gruft mit 20 Särgen, einen Barockaltar, einen Taufstein von 1751, eine Glocke von 1837 und eine Turmuhr mit drei Schlagwerken von 1886. Bis 1983 zählte die Kapelle zum Besitz der Familie von Reden. Seither kümmert sich ein Förderverein um ihren Erhalt.

Im Häge fahren wir weiter bis zur Hauptstraße, dort links und schnell wieder rechts in den Maschweg. Im Linksbogen verlassen wir den Ort, biegen bei erster Gelegenheit rechts ab, überqueren einen kleinen Graben und schlenkern schnell über die Alte Leine. Drüben führt uns ein Trampelpfad an einer Wiese entlang. Bald sehen wir rechts in der Ferne die gelbe Postbox aus dem ehemaligen Expogelände emporragen und können dann links schon ganz nahe den Vogelbeobachtungsturm des Naturschutzgebietes Alte Leine entdecken. Ein Stopp muss sein! Durchs Fernglas suchen wir nach Silber- und Kuhreihern, Störchen, Kormoranen, Fischadlern, Greifvögeln und seltenen Seglern. Mit ganz viel Glück erspäht man sogar Eisvogel, Wachtelkönig oder Tüpfelsumpfhuhn. Insgesamt 80 Brutvogelarten haben die Ornithologen hier ausgemacht, darunter 20 Artgenossen der Roten Liste. Weitere 30 Gastvogelarten landen auf ihrem Herbst- und Frühjahrszug hier planmäßig zur Rast.

Erlebnispfad vermittelt Wasserwissen

Zum Erhalt der Idylle mit überregionaler Bedeutung tragen maßgeblich die Schutzbestimmungen des Wasserschutzgebietes bei, in dem wir uns hier bewegen. Wie alles zusammenhängt, erfahren wir auf dem Wasser-Erlebnispfad der Stadtwerke Hannover. Er beginnt dicht am Wasserwerk Grasdorf. Den schönen Bau von 1899 finden wir, wenn wir vom Turm aus auf die Stadt zufahren und an der nächsten Weggabelung links durch den Pfingstanger radeln. Am Zaun bieten uns kleine Kästen kostenlos eine sehr informative Begleitbroschüre an. Sie erklärt uns an den 18 Stationen des rund 4 Kilometer langen Pfades vieles über das Trinkwasser und seine Gewinnung, über die Bedeutung von Bäumen und Biotopen, über Natur- und Landschaftsschutz. Wer alles noch genauer wissen möchte, kann auch eine Führung vereinbaren.

Weiter geht es vom Wasserwerk aus über die Leinebrücke, dann links durch die Straße Am Hohen Ufer zurück zum Parkplatz im Peterskamp. Von hier aus fahren wir zum Ausgangspunkt, wie wir gekommen sind: auf der Hildesheimer Straße nach links, rechts zum Park der Sinne, durch die Karlsruher Straße zum Skywalk und zum S-Bahnhof.

Übrigens: Ganz in der Nähe liegt das Luftfahrtmuseum, das auch einen Ausflug lohnt. Es dokumentiert die Geschichte der Luftfahrt im Wandel der Technik von 1783 bis 1965. Zu sehen sind u.a. 30 historische Luftfahrzeuge sowie Kolbenmotoren und Düsentriebwerke. Wir erreichen es durch die Stuttgarter Straße. Nach 500 Metern liegt das Museum rechts an der Ecke Ulmer Straße.

Christiane Baer-Krause

Informationen:

Park der Sinne, Karlsruher/Ecke Senefelder Str., 30880 Laatzen, Tel. 05 11/8 75 68 74 und 05 11/8 20 53 43, Mo–So tagsüber witterungsbedingt. Eintritt frei. Infostation im Gartenhaus Apr–Okt Mo–Fr 10.00–12.00, 14.00–18.00, Sa–So 10.00–18.00. Gruppenführungen So 14.30 sowie nach tel. Vereinbarung.

aquaLaatzium, Hildesheimer Str. 118, 30880 Laatzen, Tel. 05 11/86 02 49 10, www.aqualaatzium.de

Naturschutzinformationszentrum Laatzener Teiche, am Luftbad Laatzen, 1. Apr–31. Okt So 11.00–17.00, 1. Nov–31. März So 11.00–15.00, Führungen nach Vereinbarung. Infos: Naturschutzbund Deutschland, Ortsgruppe Laatzen e.V., Ohestr. 14, 30880 Laatzen 1, Tel. 05 11/8 79 01 10, info@nabu-laatzen.de, www.nabu-laatzen.de

Wasserwerk Grasdorf, Reinekamp 1, 30880 Laatzen. Infos und Buchungen für Gruppenführungen unter Tel. 05 11/4 30 36 07, www.enercity.de

Luftfahrtmuseum, Ulmer Str. 2, 30880 Laatzen, Tel. 05 11/8 79 17 91, Di–So 10.00–17.00. Eintritt: 6 €, ermäßigt 3 €.

Galerie-Café Webstuhl, Sohlkamp 2, 30966 Hemmingen-Ohlendorf, Tel. 0 51 01/1 52 80, www.galerie-cafe-webstuhl.de, Di–So 14.00–19.00.

Wiesendachhaus im Luftbad, Zum Fugenwinkel 1, 30880 Laatzen, Tel. 05 11/87 13 43, Di–Fr 11.00–20.00, Sa–So 10.00–20.00.

Karten:

Radwanderkarte Niedersachsen, Nr. 30 Hannover und Umgebung oder Nr. 23 Hannover Süd, Karten und Begleithefte, Landesvermessung und Geobasisinformation Niedersachsen (LGN), 1:75 000.

Der Grüne Ring, Karte und Begleitbuch, Kommunalverband Großraum Hannover, 1:35 000.

4 Glück ab – Gut Land!

Tour: Ballonfahrt ab Hannover. Start: Hannover-Nord-stadt, Nienburger Straße, vor der Technischen Infor-mationsbibliothek der Universität; bei ungünstiger Windrichtung oder -stärke Start von Göxe bei Han-nover, für Transfer der Passagiere wird gesorgt. Ziel: je nach Windrichtung irgendwo im Umland von Han-nover.

Dauer: 4–5 Std. sollte man einplanen. Die Ballonfahrt dauert 1–1 1/2 Std. Dazu kommt die Zeit für Aufrüs-ten, Abbau und Einpacken des Ballons, Champagner-Taufe und Rücktransport zum Startplatz.

Höhenunterschied: Bis maximal 1500 m.

Familie: Ein Erlebnis für Jung und Alt! Kinder müssen 12 Jahre alt und sollten größer als 1,20 m sein, weil sie sonst nicht über den Korbrand gucken können.

Saison: 1. Mai bis 31. Okt.

Besonderheiten: Die Landung kann »unsanft« sein. Wer Bandscheibenprobleme hat, sollte vorher die Zustim-mung seines Arztes einholen. Diese Empfehlung gilt auch für Herzkranke. Kamera und Fernglas nicht ver-gessen!

Anfahrt: *ÖPNV*: Von Hannover-Zentrum mit U 4 oder U 5 Richtung Garbsen bzw. Stöcken bis Haltestelle Univer-sität. *Kfz*: Richtung Nordstadt/Herrenhausen, dann vor dem Universitäts-Hauptgebäude (Welfenschloss) parken.

Heißluftballons am klaren Morgen- oder Abendhimmel – wer beginnt bei ihrem Anblick nicht zu träumen: Einmal die Welt aus der Vogelperspektive sehen, einmal die Freiheit des Himmels genießen! Beim Träumen muss es nicht bleiben. Wer das nötige Kleingeld und vor allem Geduld hat, wer alle Ängste über Bord wirft, der wird mit unvergesslichen Eindrücken belohnt. Will-kommen zur Himmelsreise!

Nur Geduld

»Die Ballonfahrt muss heute leider aus wetterbedingten Grün-den ausfallen«, sagt eine freundliche Stimme am Telefon. Schon der zweite Termin, der platzt. Ich werde unruhig. Immerhin ist es schon Ende September, die Saison geht bald zu Ende. Ich verabrede weitere Termine und lasse mich zusätzlich auf die »Spontan-Liste« setzen. Auch die dritte Fahrt fällt aus, genauer gesagt ins Wasser: Es regnet. Ein paar Tage später klingelt das Telefon: »Hätten Sie Lust, heute eine Ballonfahrt zu machen? Es sind noch Plätze frei.« Kurz entschlossen sage ich zu. Wetterfest angezogen finde ich mich um 17 Uhr am Startplatz ein. Die beiden »Verfolger« sind bereits da, mit Geländewagen und Hänger, auf dem Korb und Ballon verstaut sind. Während der Fahrt werden sie Funkkontakt zum Piloten halten und dem Ballon zum Landeplatz folgen. Langsam trudeln die Passagiere ein. Auch unser Pilot Klaus Grüter ist inzwischen da, dämpft aber erstmal den allgemeinen Optimismus. »Noch herrscht zu viel Thermik«, sagt er bestimmt und deutet auf die windbewegten Baumkronen rundherum. Doch der Start wird sich nur verzögern, denn der Deutsche Wetterdienst hat gutes Fahrwetter vorhergesagt. Deswegen gibt der Pilot grünes Licht für die Startvorbereitungen.

Ohne Fleiß kein Preis

Klaus Grüter lässt einen kleinen Testballon steigen und bestimmt mit dem Kompass seine Flugrichtung. Ein Blick auf die Karte: Nach Springe am Deister wird der Wind uns treiben. Doch erstmal heißt es anpacken. Gefragt sind die Kräftigsten unter den Passagieren. Sie rollen zuerst den riesigen schwarzen Sack mit der Ballonhülle« vom Hänger und ziehen dann den Ballonkorb herunter. Das sind mit den sechs Gasflaschen rund 600 Kilo Gewicht. Auf ein Kommando des Piloten kippen die Helfer den Korb auf die Seite. Jetzt müssen alle Passagiere ran. Wir ziehen die Ballonhülle aus dem Sack, rollen sie über die ganz Länge von 38 Metern aus und ziehen sie dann mit vereinten Kräften in die Breite. Die Verfolger befestigen die Drahtseile der Ballonhülle am Korbgestänge und werfen zwei Ventilatoren an. Kaltluft wird in die Hülle geblasen, lässt sie wabern und wandern. Erst nach und nach wird die Ballonform erkennbar. Unser Pilot zündet das Gas. Langsam hebt die erhitzte Luft den mächtigen, gelb-orange-rot gestreiften Ballon gen Himmel, richtet schließlich auch den Korb auf. »Einsteigen!«, ertönt forsch das Pilotenkommando. Zwölf der 16 Passagiere klettern in den Korb. Auf vier Abteile sind unsere Stehplätze verteilt. Vier Passagiere bleiben

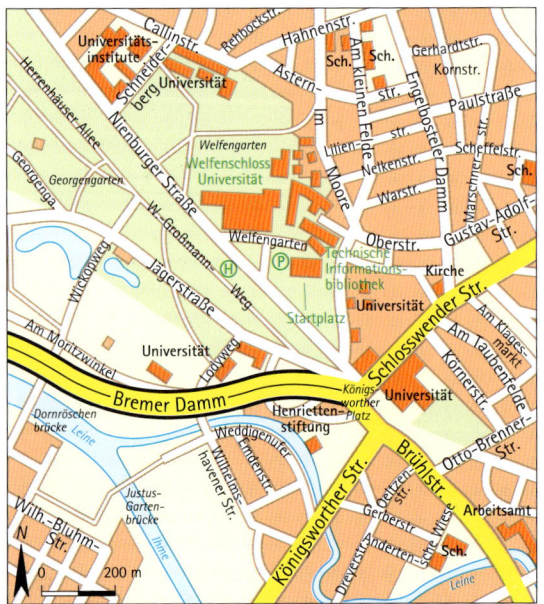

noch draußen. Sie halten den Ballon mit Seilen am Boden, während die übrigen eine Trockenübung für die Landung starten: Die Schlaufen im Ballonkorb fassen, in die Knie gehen und notfalls abducken. Dann sind wir fast startklar. Die Flugsicherung in Langenhagen hat ihr Okay gegeben, die vier Seilhalter steigen zu und schon geht es langsam aufwärts. Fast unmerklich, ohne Erschütterungen hebt der Ballon ab. Am Boden bleiben winkende Angehörige und Schaulustige zurück. Menschen und Häuser werden kleiner, Geräusche werden leiser, unter uns breitet sich Hannover aus.

Hannover – eine grüne Stadt

Herrschaftlich liegt das ehemalige Welfenschloss in der Abendsonne, die Bäume an der Herrenhäuser Allee ziehen eine schnurgerade Linie durch den Georgengarten: ein faszinierender Anblick! Unter uns schlängelt sich die Leine, ein wenig weiter fließt die Ihme. Dazwischen stehen auf dem Betriebshof Glocksee Üstra-Straßenbahnen, wie Spielzeug ordentlich nebeneinander aufgereiht. Über Linden schauen wir in begrünte Innenhöfe alter Häuserblocks und am Lindener Berg sind Stadtfriedhof, botanischer Schulgarten und die zahllosen, gepflegten Kleingärten zu einer großen Grünfläche zusammengewachsen. Auch wenn der Blick in die Ferne schweift: Hannover ist eine grüne Stadt. Wir sehen die Eilenriede, das Erholungsgelände am Maschsee und viele kleine grüne Inseln im Häusermeer. Kontrastprogramm in Bornum und Mühlenberg: Gewerbegebiet, Hochhäuser, Hauptverkehrsadern und Kreisel. Wie viele Nerven sind dort im Verkehrsgewühl schon auf der Strecke geblieben! Merkwürdig, dass aus der Vogelperspektive alles halb so aufregend aussieht.

Zum Greifen nahe: die goldene Kirchturmfahne

Wir fahren auf die Stadtgrenze zu und zählen fünf weitere Ballons am Himmel. Über uns schwebt ein leuchtend blauer. Unter uns liegen jetzt abgeerntete Felder wie sauber gekehrte Teppiche. Im Korb herrscht eine fast andächtige Atmosphäre. Niemand spricht, alle genießen den Blick ins Weite, die ungewohnte Perspektive auf Bekanntes, die Stille. Nur der Brenner sorgt ab

Sanfter Start zur Himmelsreise

35

und zu für ein Dröhnen, wenn der Pilot an Höhe gewinnen will und »heizt«. Wovon die Dauer einer Fahrt denn eigentlich abhängt, möchte ein Passagier wissen. »Vom Gasvorrat, der Umgebungstemperatur und der Beladung«, erläutert Klaus Grüter. Nach seiner Berechnung können wir heute 1 1/2 Stunden unterwegs sein. Die Luft im Ballon ist inzwischen so weit abgekühlt, dass wir nur 300 Meter über Grund schweben. Zum Greifen nahe scheinen Hausdächer, Baumwipfel und die goldene Fahne von Ronnenbergs Kirchturm. Kinder rufen und winken zu uns hinauf, auch Erwachsene bleiben stehen und staunen.

Punktlandung

Noch einmal sehen wir uns um. Der Blick zurück reicht bis zum Steinhuder Meer. Davor hebt sich eine dicke weiße Wasserdampfwolke gegen den Abendhimmel ab. Sie quillt aus dem Schornstein der Zuckerfabrik in Groß Munzel. Wir überfahren die Ronnenberger Kali-Halde und steigen wieder – bis auf 1400 Meter. Es wird kühl, in meinen Ohren knackt es. »Der Wind lässt nach«, stellt unser Pilot fest und meldet sich per Funk bei den Verfolgern: »Ich geh' noch über den Deister.« Ein Passagier fragt besorgt: »Klappt das denn noch?« Klaus Grüter lacht und zerstreut alle Bedenken. »In Deutschland gibt es drei Kategorien von Pilotenausbildungen: für Körbe bis fünf, bis acht und ab neun Passagiere. Bis man einen Korb wie diesen fahren darf, hat man viele hundert Flugstunden hinter sich.« Wir haben den Deister erreicht und überfahren den Kniggeschen Forst. Wie ein Rosettenmeer sehen die Baumwipfel von oben aus. Die Sonne sinkt schneller, es wird Zeit für die Landung. Per Funk meldet sich der Pilot bei der Flugsicherung Hannover ab. Zielsicher sinkt Klaus Grüter auf einen Rübenacker bei Springe zu, schärft uns noch einmal die Sicherheitsanweisungen für die Landung ein, dirigiert den Verfolger per Funk auf den nahen Feldweg und legt eine vollendete Punktlandung hin – auf die Ladefläche des Hängers. Beeindruckt belohnen Passagiere und Schaulustige die Präzisionsarbeit mit einem kräftigen Applaus.

Champagner-Taufe

Die Sonne ist untergegangen und es ist kalt. Zum Frieren bleibt allerdings nicht viel Zeit. Alle packen an, um die Luft aus der zusammengefallenen Ballonhülle zu drücken. Wieder sind die

Kräftigsten gefragt: Sie verstauen rund 350 Kilo Ballonstoff im Sack und hieven ihn mit vereinten Kräften auf den Hänger. Dann wird's feierlich. Unser Pilot erinnert an die Anfänge der bemannten Ballonfahrt in Frankreich vor über 200 Jahren. Damals habe der französische König ein Gesetz erlassen, das nur dem Adel gestattete, Ballon zu fahren. »Wir waren also alle illegal am Himmel. Dieser Zustand muss behoben werden«, sagt unser Pilot schmunzelnd ... und lässt geschüttelten Champagner in die Runde sprühen. Eine Taufurkunde verleiht uns fantasievolle Ballonfahrernamen wie »Ritter der Lüfte« oder »Himmelsstürmer« und erhebt alle Passagiere in den Adelsstand der Aeronauten. Mit dem Ballonfahrergruß »Glück ab – Gut Land!« beschließt Klaus Grüter die Zeremonie und bei einem Glas Champagner klingt das »Abenteuer Ballonfahrt« aus. Wer nicht vom Landeplatz abgeholt wird, fährt mit den Verfolgern zum Startplatz zurück. Zu Hause angekommen, nehme ich noch einmal den Werbeprospekt zur Hand. »Wir werden Ihre Ballonfahrt zu einem unvergesslichen Erlebnis machen«, lese ich. Das war nicht zu viel versprochen!

Brigitte Lehnhoff

Informationen:
Phönix Ballooning, Bremer Str. 12, 26135 Oldenburg,
Tel. 05 11/66 99 00, Fax 04 41/2 48 93 19,
  tel. Terminvereinbarung Mo–Sa 11.00–17.00. Gefahren wird frühmorgens (nur am Wochenende) und am späten Nachmittag. Ob die Wetterverhältnisse zum vereinbarten Termin eine Ballonfahrt zulassen, muss tel. abgefragt werden.
  Preise: Erwachsene 170 €, Kinder bis 18 Jahre in Begleitung ihrer Eltern 155 €, Gruppentarife nach Absprache. Nach Wunsch startet der Ballon auf einem Gelände eigener Wahl. Dann fällt zusätzlich eine Außenstartgebühr an.
Weitere Anbieter von Ballonfahrten siehe »Gelbe Seiten« zu Telefonbuch Nr. 16.
Buchtipp:
  Frank Franke, Peter Vinzens: Die hohe Kunst des Ballonfahrens. Stuttgart 1996. Ein faszinierender Bildband, den man so schnell nicht wieder aus der Hand legt – für Mitfahrer wie Selbstfahrer.

Karte:

Wer die Fahrtroute nachvollziehen möchte, sollte eine Landkarte für die Region Hannover mitnehmen. Zum Beispiel: Deutsche Ausflugskarte, Blatt 11 Rund um Hannover, Haupka Verlag, 1:100 000.

Expo–Spuren 5

Tour: Radtour zwischen der Schleuse in Anderten und den Herrmannsdorfer Landwerkstätten bei Wülferode. Wir passieren ein wildes Waldstück, den lang gezogenen Kronsberg mit zwei Aussichtshügeln, das Ostgelände der Expo 2000, ein Bruchwäldchen und den Park der Sinne.

Länge: Ca. 27 km.

Dauer: Die Rundtour bietet viele Gestaltungsmöglichkeiten. Je nach Verweildauer an den einzelnen Stationen verschaffen wir uns mit einem halbtägigen »Streifzug« einen informativen Überblick oder gönnen uns einen spannenden und erlebnisreichen Ganztagesausflug.

Familie: Schiffe und Schleuse, Spielmöglichkeiten auf den Aussichtshügeln, auf dem Expogelände und im Park der Sinne sowie die Tiere zum Anfassen auf dem Hof der Herrmannsdorfer Landwerkstätten machen die Tour für Kinder spannend. Achtung: Lieber trockene Ersatzkleider für die Wasserspiele im Park der Sinne mitnehmen.

Saison: Mit Einschränkungen ganzjährig, in der Vegetationsphase schöner und vielseitiger.

Varianten: Kurztour: Kleinere Kinder sind vielleicht nach all den Attraktionen der Expo-Projekte erschöpft. Für sie lässt sich die Tour halbieren und führt dann als ca. 14 km lange Strecke vom Anderter Bahnhof zum S-Bahnhof Laatzen/Messe. Achtung, dafür geänderte Zielreihenfolge: Vom Expogelände geht es erst zum Biobauernhof, dann zum Park der Sinne. Variante Rundtour: Ein zweiter Rückweg führt durch die Gaim und am Kanal entlang.

Anfahrt: *ÖPNV:* S-Bahn bis Bahnhof Anderten/Misburg, Rückfahrt evtl. ab S-Bahnhof Laatzen/Messe. *Kfz (nur Rundtour möglich):* Über die B 65 bis Abfahrt Misburg, dann auf der Höverschen Straße zum Bahnhof.

Expo 2000 – aus und vorbei? Klar, die Multi-Kulti-Mega-Party berauscht uns nur noch in der Erinnerung. Aber da gibt es noch die bleibenden Projekte, die zur Weltausstellung angelegt wurden, aber erst jetzt zu wirklicher Schönheit und Nutzbarkeit heranwachsen. Mit dieser Tour wollen wir erkunden, was aus dem begrünten Kronsberg, dem Park der Sinne und dem Ökohof der Herrmannsdorfer Landwerkstätten geworden ist. Und was tut sich inzwischen auf dem Ex-Expogelände selbst? Lassen wir uns überraschen!

Vom Auf und Ab der Kähne

Vom Bahnhof aus starten wir nach rechts in die Gollstraße, überqueren den Kanal und sausen hinter der Brücke den Böschungsweg zum Ufer hinunter. (Vorsicht: Es ist nicht abgesichert, mit zu viel Schwung landet man leicht im Wasser.) Hier warten Frachter, Sportboote und Ausflugsdampfer auf Einlass in die Hindenburgschleuse. Sie wurde 1928 als größte Schleuse Europas eingeweiht. Heute ist sie immerhin noch das größte Bauwerk im Zuge des Mittellandkanals. Nach kurzer Strecke stemmen wir unsere Räder rechts schon wieder steil in die Höhe und haben oben von der Brücke aus – oder während einer Führung – sogar direkt Einblick in die zwei jeweils 250 Meter langen Schleusenkammern. Sie gleichen einen Höhenunterschied von 15 Metern aus. 12 000 Schleusungen verbuchen die »Hiever vom Dienst« hier jährlich. In dieser Zeit passieren allein rund 11 000 Güterschiffe das Denkmal.

Übrigens: In Deutschland verbindet ein 7 400 Kilometer langes Netz aus Flüssen und Kanälen die großen Seehäfen mit dem Hinterland und den bedeutenden Industriezentren. Fast 25 Prozent aller Ferngüter werden auf Wasserstraßen verschifft, vor allem Massengüter wie Baustoffe, Erze, Schrott, Mineralöl, Kohle, Düngemittel, Getreide, Eisen- und Stahlwaren und Holz, außerdem extrem schwere oder sperrige Fracht sowie giftige oder explosive Stoffe.

Blau markiert den »Grünen Ring«

Das Schleusengelände passieren wir rechts durch die Straße An der Schleuse und folgen dem Kanal bis zur Autobahn. Direkt davor biegen wir an den blauen Markierungen des Expo-Projekts »Grüner Ring« nach rechts ab. Der »Grüne Ring« verbindet auf einer 80 Kilometer langen Rundtour und einigen Extra-Schleifen offene Landschaftsräume. Die Zeichen sind blau, denn

Grün verschwände in der Natur. An der zweiten kleinen Kreuzung fahren wir nach links in das Waldgebiet Gaim hinein. In dem kleinen Naturschutzgebiet darf alles wachsen, wie es will. Der Weg hindurch macht einen kleinen Rechts-links-Schlenker, führt dann ein Stück geradeaus und knickt später rechts ab. Am Waldrand biegen wir nach links und lassen uns ein kurzes Stück vom Kopfsteinpflaster durchrütteln. Wieder auf Asphaltboden erreichen wir einen Rechtsabzweig für Fußgänger, Radler und Reiter. Auf ihm starten wir den »Gipfelsturm«.

Der Aushub bleibt an Ort und Stelle

Nun liegt er mit seiner vollen Breitseite vor uns, Hannovers Hausberg. Für diese ziemlich hoch gegriffene Bezeichnung ernten wir von Alpenländlern regelmäßig spöttisches Gekicher. Ist für sie doch eine Erhebung von 100 Metern über NN bestenfalls ein Hügel! Doch im Moment ist der Kronsberg der Größte. Früher fristete er als kahle Rübensteppe ohne Baum und Strauch ein karges Dasein. Erst zur Expo entdeckten die Planer ihn als potenziellen Landschaftspark und begannen 1990 mit der Aufforstung des Kammwaldes. Ab 1995 entstanden ein dichtes Wegenetz, Grün-

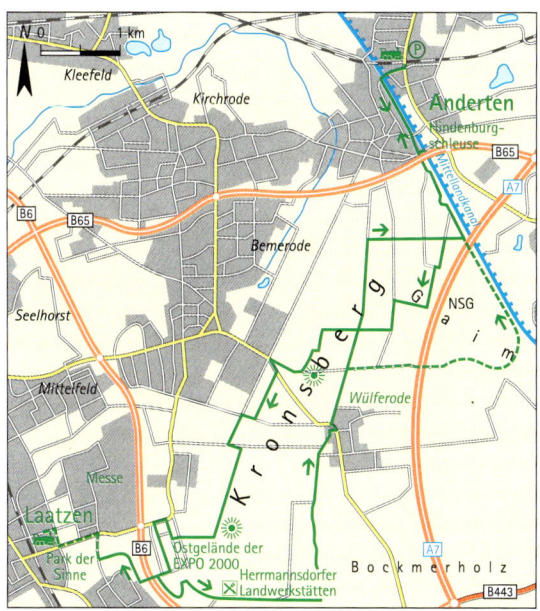

verbindungen und ihre Verknüpfung durch Bäume, Sträucher und Hecken. Nun soll er der Naherholung und dem Naturschutz dienen, neben extensiver Landwirtschaft Artenvielfalt garantieren.

Auf der Kuppe angelangt, lassen wir unseren Blick über die Stadt schweifen. Weit weg staksen vor uns die drei Schornsteine des Lindener Heizkraftwerkes empor, rechts in der Ferne überragt der Telemax alles, ganz hinten links ruht der Deister. In seine Richtung radeln wir auf dem »Passweg« und folgen dabei wieder dem Blau des »Grünen Ringes«. Rechts unter uns taucht die neue Kronsbergsiedlung auf, dann finden wir uns plötzlich zwischen einem Aussichtshügel und einer Kuhle mit Steinbrocken wieder. Die Anlage symbolisiert, dass hier sämtlicher Aushub an Ort und Stelle verbleibt. Aus gutem Grund, denn der Kalkmergel unter uns ist eine lokale geologische Rarität. Die dicken Brocken stammen allerdings aus einem Thüster Steinbruch, der weiche örtliche Mergel wäre hier in Kürze zerbröselt.

Weiter geht's unter Linden und Kirschen von Blau zu Blau, vorbei an zwei verlassenen Kanzeln. Sie sollen am Ende der Alleen später einmal die ausgewachsene Siedlung abschließen und Raum zu Picknick, Boule oder Klönschnack bieten. Wir besteigen den zweiten Aussichtshügel und möchten am liebsten Meise sein. An endlos langen Stelen kleben hoch über uns ihre Nistkästen mit »Erste-Sahne-Blick« über Stadt und Land.

Vorm Expo-Wal liegt noch Wüstensand

Wieder unten folgen wir dem Hinweis »Basisring« direkt auf das Expo-Ostgelände und erkunden gegen den Uhrzeigersinn, welche Pavillons noch stehen und wie sie jetzt genutzt werden. Als Block komplett erhalten sind die Anrainer der Plaza. In direkter Nachbarschaft der Preussag-Arena für Großveranstaltungen haben sich hier vor allem Unternehmen sowie Forschungs- und Ausbildungsbereiche für Kommunikation, Medien und Design einquartiert. Auf breiten Plattenwegen brettern Skater über Rampen und glatten Beton, im Hintergrund liegt die grüne Achse der »Gärten im Wandel«. Spannend und zugleich klar konzipiert wirken sie verwaist ganz verändert. Eine Ahnung von Endzeitstimmung streift uns auf unserem Weg ans andere Ende in den Wüstensand. Dort, direkt vor dem Wal, trennen sich die Wege. Wer die kurze Variante plant, fährt jetzt schon zu den Herrmanns-

Wasserspiele im Park der Sinne

dorfer Landwerkstätten. Die Rundtourer verlassen das Expo-gelände nach rechts über die Messeschnellweg-Brücke.

Leise klackert der Baum

Gleich hinter der Brücke biegen wir rechts vor einem Kindergar-ten in das Wäldchen Mastbrucher Holz, fahren an der T-Kreu-zung links, am Waldrand wieder rechts in den Wald hinein, streifen einen Ponyhof und gelangen links zur Gutenbergstraße. Auf ihr halten wir uns rechts und folgen kurz darauf nach links dem Hinweisschild zum nahen Park der Sinne.

Der 60 000 Quadratmeter große Naturgarten bedeckt eine ehe-malige Mülldeponie, doch das ahnt man nicht mehr. Vom Ver-kehr abgeschirmt durch einen dicht bepflanzten Wall voller Wildrosen und Sträucher finden wir uns in einer Oase wieder, die uns hinter jedem Busch mit neuen Räumen überrascht. Mal bringt uns ein Steinphänomen zum Grübeln oder der Irrgarten in Verwirrung, dann ein klackernder Baumstamm zum Staunen oder ein gedeckter Tisch zum Schmunzeln. Damit wir die Ele-mente Luft, Wasser, Feuer und Erde mit unseren Sinnen erfassen können, müssen wir alles ausprobieren. Der Garten der Düfte, der Echogarten, die Schlucht, das Trockental, der Steinige Weg und der Ort der Begegnung geben uns reichlich Gelegenheit zum

43

Schnuppern, Lauschen, Fühlen, Spielen, Ausruhen, Nachdenken und für Gespräche. Hit für die Kinder ist der Wasserlauf durch den Park mit seinen verschiedenen Gerätschaften zum Pumpen, Stauen, Antreiben, Kräftemessen, Spritzen und Plantschen.

Die Streckentourer biegen auf dem Rückweg nach links in die Gutenbergstraße, wieder links in die Kronsbergstraße, rechts in die Karlsruher und wieder links in die Münchener Straße. Dort finden sie den Messebahnhof.

Die »Herrmannsdorfer« lassen Schweine würdevoll wühlen

Die Rundtourer radeln zum Expogelände zurück, umrunden nun allerdings den Wal und sein Hintergelände zur Hälfte rechts herum und biegen dann rechts in einen Kopfsteinpflasterweg. An seinem Ende fahren wir rechts, über eine kleine Straße hinweg auf einen Fuß-Rad-Weg nach links und sehen schon die Dächer und den Labyrinthberg der Herrmannsdorfer Landwerkstätten vor uns liegen.

Zwei Leitmotive verfolgt der kontrollierte Ökohof: »Respekt vor der Würde der Tiere« und »Lieber halb so viel, dafür doppelt so gut«. Darum steht hier an Ort und Stelle alles in einem direkten und gesunden Zusammenhang. Die Milchkühe, Schweine, Schafe und Hühner dürfen artgerecht leben und bekommen ihr Futter von den eigenen Feldern nebenan. Die benötigte Energie stammt aus der eigenen Windenergie- oder Biogasanlage mit dem angeschlossenen Blockheizkraftwerk. Selbst die Verarbeitung und Vermarktung findet direkt auf dem Hof statt. Im Restaurant oder Biergarten können wir eine Kostprobe nehmen, in der Markthalle für den späteren Bedarf einkaufen. Während einer Führung lernen wir alles ganz genau kennen (vorher telefonisch anmelden).

Zurück zum Bahnhof

Wer jetzt auf der Kurztour zum Park der Sinne möchte, radelt bis zur Messeschnellweg-Brücke am Expo-Wal zurück (dann Beschreibung »Leise klackert der Baum« folgen). Die Rundtourer starten den Rückweg über den Kronsberg vom Parkplatz des Ökohofes aus nach rechts bis zum Bockmer Holz. An seinem Waldrand folgen wir dem Pfad bis zu seinem Ende nach links und fahren dann weiter geradeaus an der kaum befahrenen Straße nach Wülferode hinein. Hier folgen wir der Hauptstraße in eine

Rechtskurve, biegen links in die Wülferoder Straße und gleich wieder rechts in die Ehrfeldstraße. Nun geht es einige Kilometer geradeaus. Es quert eine kleine Straße. Auf ihr können wir nach rechts über die Autobahn hinwegradeln durch die Gaim bis zum Kanal, dann nach links an ihm entlang bis zur Schleuse und zum Anderter Bahnhof zurückkehren.

Kürzer ist es, wenn wir erst an der Kreuzung mit den blauen Pfählen rechts abbiegen, dann vor der Autobahn links auf den Kanalweg stoßen.

Christiane Baer-Krause

Informationen:

Hindenburgschleuse Anderten, An der Schleuse, 30559 Hannover, Tel. 05 11/9 50 85 22 30, Fax 05 11/ 9 50 85 22 41.

Herrmannsdorfer Landwerkstätten am Kronsberg, Debberoder Str. 61, 30539 Hannover, Tel. 05 11/51 50 02 00, herrmannsdorfer-hannover@t-online.de, www.herrmannsdorfer.de, Dorfmarkt Tel. 05 11/51 50 05 00, Mo–Do 8.00–18.30, Fr 8.00–20.00, Sa 8.00–16.00. Führungen Sa 14.00 sowie nach Vereinbarung.

Park der Sinne, Karlsruher/Ecke Senefelder Str., 30880 Laatzen, Tel. 05 11/8 75 68 74 und 05 11/8 20 53 43. Mo–So tagsüber witterungsbedingt, Eintritt frei. Infostation im Gartenhaus Apr–Okt Mo–Fr 10.00–12.00, 14.00–18.00, Sa–So 10.00–18.00. Gruppenführungen So 14.30 sowie nach telefonischer Vereinbarung.

Karten:

Radwanderkarte Niedersachsen, Nr. 30 Hannover und Umgebung oder Nr. 23 Hannover Süd, Karten und Belgeithefte, Landesvermessung und Geobasisinformation Niedersachsen (LGN), 1:75000.

Der Grüne Ring, Karte und Begleitbuch, Kommunalverband Großraum Hannover, 1:35000.

6 Warum denn gleich in die Luft gehen?

Tour: Besichtigung des Flughafens Langenhagen. Im Anschluss daran Radtour durch das Naturschutzgebiet Kananohe, einen urwüchsigen Wald, der ans Bissendorfer Moor grenzt, eines der bedeutendsten Hochmoore in Niedersachsen.

Dauer: Die Besichtigung des Airports dauert etwa 90 Min. Für die etwa 20 km lange Radtour braucht man 2 Std.

Familie: Daheim Gebliebene träumen gern von fernen Urlaubszielen, das gilt ganz besonders für Kinder. Sie sollten aber mindestens im Grundschulalter sein.

Saison: Flughafen-Besichtigungen sind das ganze Jahr an Werktagen möglich. Die Radtour durch Wald und Moor empfiehlt sich nur von Apr bis Okt.

Besonderheiten: Man muss sich einige Tage vorher zur Besichtigung anmelden. Der Besucherdienst des Flughafens stellt Gruppen von mindestens 10 Personen zusammen.

Anfahrt: *ÖPNV*: Mit der S 5 zum Flughafen, die Fahrräder nehmen wir mit. *Kfz*: Aus Süden oder Osten kommend die A 2 bis Abfahrt Langenhagen/Flughafen, eine Schnellstraße führt direkt aufs Flughafenareal. Aus Westen die A 2 bis Abzweig Flughafen, dann die A 352 bis Abfahrt Flughafen. Aus Norden die A 7 und A 352 fahren.

Das ist komfortable Verkehrstechnik: Die S-Bahn rauscht 400 Meter weit unterirdisch in den Kopfbahnhof hinein. Wir schnappen unsere Fahrräder und schieben sie bis zum Ende des Bahnsteigs in einen großen Fahrstuhl, der uns 15 Meter in die Höhe befördert. Als der Lift sich wieder öffnet, stehen wir in der Ankunftshalle C des Flughafens Langenhagen und am Beginn eines kontrastreichen Programms: In wenigen Stunden werden wir einerseits das präzise technische Räderwerk des Großflughafens kennen lernen und wollen andererseits die Ruhe und Idylle im Waldgebiet Kananohe genießen. Seine Wiesen, Wälder und das Bissendorfer Moor grenzen im Norden direkt an die kahl rasierte 960 Hektar Fläche des Airports.

Wir schieben unsere Fahrräder aus dem Terminal und parken sie vor dem pyramidenähnlichen Glasschirm des S-Bahnhofs. Treffpunkt für die Besichtigung ist das Flughafen-Modell in der Ankunftsebene zwischen Terminal B und C. Mit uns findet sich eine Gruppe von Kindern ein. Der Landkreis Celle bietet den Kleinen eine Ferienspaßaktion. Unsere »Reiseleiterin« vom Besucherdienst macht es spannend und kündigt an, dass wir durch die Personenkontrolle gehen werden. »Schaut doch schon mal nach, ob ihr Taschenmesser dabeihabt. Gestern haben alle behauptet, sie hätten keines dabei, und als wir kontrolliert wurden, tauchten plötzlich fünf auf und einer hatte sogar einen Elektroschocker.«

Wir träumen vom Urlaub

Wir machen uns auf zur ersten Station, die Check-in-Halle, und tun so, als wollten wir Koffer aufgeben. Frage der »Reiseleitung«: »Wer kennt denn Charterfluggesellschaften?« Prompte Antwort

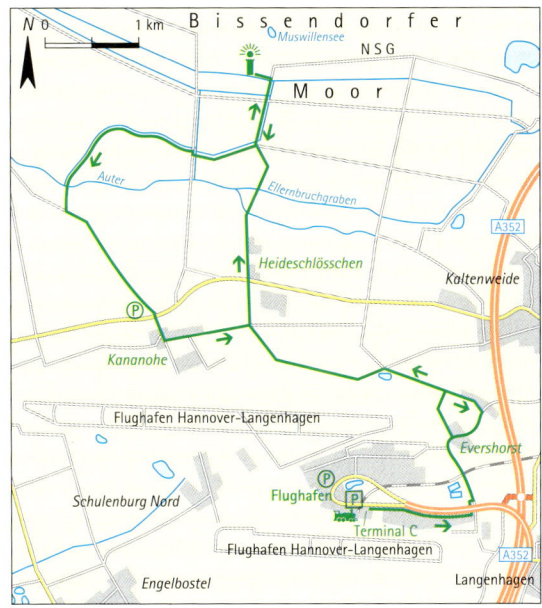

eines Kindes: »Mallorca!« – »Und welche Gesellschaft hat Hannover als Heimatflughafen?« – Ein zweiter Finger hebt sich selbstbewusst: »Afrika!«, und aus anderer Richtung kommt korrekt: »Hapag-Lloyd!« – »Richtig«, antwortet unsere »Reiseleitung« und zur Bestätigung sagt ein drittes Kind: »Und Dubai auch!«

Inzwischen haben wir im Geiste unsere schweren Koffer aufgegeben. Bikini, Badehose, Sonnenmilch und kurze Hosen werden jetzt 400 Meter weit von Förderbändern transportiert. Auf diesem unsichtbaren Weg werden die Koffer nach unerlaubten Gegenständen durchleuchtet. Unsere Gruppe sammelt sich vor der Sicherheitskontrolle. Die Kinder staunen: Am benachbarten Schalter für Sperrgepäck hat tatsächlich mal jemand versucht, Rauschgift im Surfbrett zu schmuggeln. Ist aber aufgeflogen. Unsere Kontrolle läuft glatt. Jacken, Rucksäcke, Hosentaschen – Röntgengeräte und Detektoren finden nichts. Wir kommen jetzt in die große Wartehalle, wo Urlauber ihrem Ferienziel entgegenträumen können, während sie auf ihr Flugzeug warten. Natürlich macht unsere »Reiseleiterin« auch ein bisschen Werbung. Hannover sei der Flughafen der kurzen Wege, die Passagiere müssen nur wenige Meter vom Eingang bis ins Flugzeug zurücklegen.

Schnüffler brauchen viele Pausen

Ins Flugzeug einsteigen ist leider nicht erlaubt. Also machen wir kehrt und wechseln auf Bitten unserer »Reiseleitung« die Rolle. Ab jetzt sind wir ankommende Passagiere, die auf ihr Gepäck warten und hinter die Kulissen schauen dürfen. Unten im Erdgeschoss, wir können durchs Tor auf das Rollfeld blicken, kommen die Koffer auf dem Förderband an und rutschen automatisch in die verschiedenen Fächer. Jedes Fach ein anderes Flugzeug. Der Kofferkeller ist auch der Arbeitsplatz von acht Schnüffelhunden des Zolls. Sieben schnüffeln nach Rauschgift, einer sogar nach Sprengstoff. Im Akkord können die Vierbeiner nicht arbeiten, nach einer Viertelstunde brauchen die feinen Nasen eine Pause. Dann gibt es Leckerli und Spiele zur Belohnung.

Unsere Aufmerksamkeit gilt inzwischen dem Geschehen auf dem Rollfeld, denn draußen ist unser Bus vorgefahren. Wir fahren raus aufs Rollfeld, beobachten Maschinen beim Starten und Landen und fahren vor das Gebäude der Flughafenfeuerwehr. Die 50 Feuerwehrmänner sind echte Profis. Unsere »Reiseleiterin« weiß, was die können: »Bei Alarm müssen jeweils zwei Männer nach 30 Sekunden im Auto sitzen. Stiefel und Hose stehen neben dem Auto, da springen sie rein. Und auf Knopfdruck geht das Tor auf und der Motor springt an«. In 2 1/2 Minuten müssen die Männer an jedem Punkt des Flughafens sein. »Und das schaffen sie auch.« Keine Frage, bei diesen Feuerwehrmännern ist man in guten Händen. Aber besser, man braucht sie erst gar nicht.

Wir sagen der Technik Ade

Wir beenden unsere Busfahrt über das Rollfeld und unsere »Reiseleiterin« verabschiedet uns auf der Aussichtsterrasse. Von hier können wir den Flugbetrieb abschließend aus der Totalen beobachten. Unser Blick fällt auch auf jenes Grün, das sich jenseits der langen nördlichen Landebahn ausbreitet: das urige Waldgebiet Kananohe. Es wird Zeit der Technik Ade zu sagen und auf den Fahrradsattel zu steigen.

Ab Terminal C radeln wir rechts unter dem Parkdeck hindurch auf dem Radweg. An der ersten Ampelkreuzung hinter den Flughafengebäuden fahren wir links über den Überweg in die Evershorster Straße. Wir fahren geradeaus und nehmen in einer scharfen Rechtskurve die zweite Straße nach links (»Anlieger frei«). An der nächsten T-Kreuzung geht's links. Während wir durch die Wiesen fahren, durchkreuzen wir auch die Positionsleuchten der Landebahnen des Flughafens. Die startenden und landenden Flugzeuge sind sehr deutlich in der Luft zu sehen. Heute, bei diesem tollen Sommerwetter, starten auch einige kleinere Sportflugzeuge.

Trotz der Nähe zum Flughafen ist der asphaltierte Weg durch die Felder und Wiesen sehr idyllisch.

An der nächsten Wegekreuzung fahren wir links, direkt am Zaun des Flughafengeländes entlang (»Anlieger frei«). Es geht immer geradeaus, der Schotterweg lässt sich – trotz einiger Schlaglöcher – recht gut befahren.

Gute Landluft

Wir kommen an eine Weggabelung, folgen dem Weg aber in eine Rechtskurve. Links und rechts von uns interessierte Blicke von Pferden und Kühen. Unsere Nasen müssen ordentlich was aushalten, die Luft ist recht »würzig«. Wir treten etwas kräftiger in die Pedale, um den vielen penetranten Bremsen zu entfliehen.

Im Moor kann man versinken – wie gut, dass ein Holzpfad zum Aussichtsturm führt.

An einer Wegkreuzung fahren wir schräg rechts geradeaus und lassen den Weg »Kananohe 15« links von uns liegen. Wir überqueren die Straße, die von Kaltenweide in Richtung Heitlingen führt, und fahren geradeaus in die Straße »Waldweg«. Der Waldweg führt durch einen wunderschönen Eichen-Mischwald, viele Eichen sind an den Stämmen von Efeu umrankt.

Jetzt wird's schaurig

An der kommenden Kreuzung fahren wir geradeaus hinüber in den schmalen, heute etwas matschigen Waldweg (»Radweg 13«). Hier wird es feuchter und mooriger, und der Weg wird zusehends schmaler.

Wir bahnen uns einen Weg durch die riesigen Farne links und rechts des Weges. Der matschige Waldweg endet nach einigen hundert Metern und vor uns liegt ein gepflegter Holzpfad. Ein Schild zeigt an, dass wir uns von nun an im Naturschutzgebiet Bissendorfer Moor befinden. Wir begeben uns auf die Bohlen und schieben die letzten Meter bis zum großen hölzernen Aussichtsturm. Links und rechts das Moor mit seinen Wasserflächen und seiner schützenswerten Flora und Fauna. In mir werden Assoziationen an Edgar-Wallace-Krimis mit versunkenen Moorleichen geweckt ...

Unglaubliche Stille und weiter Blick

Auf dem Aussichtsturm erwartet uns dann ein gigantischer Blick ins Hochmoor hinein. Der kleine Muswillensee liegt in der Ebene vor uns. Das Bissendorfer Moor ist eines von 80 Hochmooren in Niedersachsen.

Wir genießen den Blick und die unglaubliche Ruhe hier oben, machen eine Trinkpause und verzehren unsere Äpfel. Herrlich, man will kaum noch weiterradeln!

Der Turm liegt am Ende einer Sackgasse. Wir fahren also den gleichen Weg zurück über den Holzpfad und bleiben auf dem Weg, bis wir an die Wegekreuzung kommen, die wir vom Hinweg kennen. Hier biegen wir nach rechts, dem Hinweisschild »Radweg 14« folgend.

Über die Auter zurück

Rechts von uns, parallel zum Weg, liegt ein kleiner Wasser führender Graben, an dem wir uns orientieren können. An der nächsten T-Kreuzung geht's rechts und danach gleich wieder links (»Radweg 14«). Wir sind jetzt ca. 10 Kilometer gefahren.

Der Weg gabelt sich, und wir folgen dem Schild »Radweg 15« links im Bogen weiter. An der nächsten Gabelung folgen wir weiter dem Schild. Wir überqueren das Bächlein Auter und bleiben weiterhin geradeaus auf dem Waldweg, der breit und sehr gut zu befahren ist. Der Baumbestand ist uralt und dicht. Der »Radweg 15« ist für uns immer noch richtungsweisend und wir biegen bei der nächsten Möglichkeit nach links ab. Rechter Hand sehen wir nach einiger Zeit einen Parkplatz, bevor es dann geradeaus über die Landstraße geht. Vorsicht beim Überqueren: Hier wird gerast!

Wir bleiben weiterhin ein kurzes Stück auf dem »Radweg 15«. Dieser biegt jedoch bald nach rechts. Wir folgen ihm nicht, sondern fahren in die kleine Straße Kananohe links ab. Bevor wir abbiegen, schauen wir geradeaus und sehen bereits wieder die Umzäunung des Langenhagener Flughafengeländes vor uns.

Wir radeln entlang von Wiesen und Weiden auf einem asphaltierten Wirtschaftsweg bis zur nächsten T-Kreuzung. Hier geht's rechts ab in die Kananohe 20. Obwohl wir uns schon recht dicht am Flughafen befinden, hören wir überhaupt keinen Flugzeuglärm.

Jetzt sind wir in Sichtkontakt mit dem Flughafen und radeln wieder – wie auf der Hintour – entlang des Absperrungszaunes. Nach wenigen hundert Metern geht es mit dem abknickenden Zaun schräg rechts ab, weiter dem Hinweg folgend. Wir kommen durch das Dörfchen Evershorst mit einem Gestüt und erreichen nach ca. 20 Kilometern wohlbehalten den Flughafen und die S-Bahn-Station.

Grit und Thomas Engelbrecht

Informationen:
Die Flughafengesellschaft informiert unter
  www.hannover-airport.de, Anmeldung über den Besucherdienst, Tel. 05 11/9 77 13 53, Fax 05 11/9 77 18 55, Führungen werktags 10.00–18.00. Preis: Erwachsene 2 €, Kinder 1 €.
Für die Einkehr hat man im Flughafengebäude die Wahl zwischen mehreren *Mövenpick*-Cafés, -Bars und -Restaurants. Für die anschließende Radtour Getränke und Proviant mitnehmen.
Karte:
Radwanderkarte Niedersachsen, Nr. 30 Hannover und Umgebung, Landesvermessung und Geobasisinformation Niedersachsen (LGN), 1:75 000.

»Tunken« und »Zischen« 7

> **Tour:** Bequemer Radspaziergang für heiße Tage vom Bahnhof Isernhagen HB durch Wiesen und Felder zum idyllischen Waldsee, dann durchs Landschaftsschutzgebiet zum Ausflugslokal Waldkater. Am Weg liegen ein Modellflug-, ein Golf- und ein Poloplatz sowie ein Burggemäuer.
> **Länge:** Ca. 14,5 km.
> **Dauer:** Je nach Ausdehnung der Badepause und Einkehr 2–8 Std.
> **Familie:** Die kurze Strecke auf autofreien Feldwegen bereitet auch kleineren Kindern kaum Mühe. An den Waldsee locken viele Bade- und Spielmöglichkeiten, der Waldkater wartet ebenfalls mit einem Spielplatz auf.
> **Saison:** Attraktiv vor allem im Sommer.
> **Besonderheiten:** Nach Bedarf Badesachen.
> **Anfahrt:** *ÖPNV:* Mit Interregio R 6 ab Hannover Hbf. bis Bahnhof Isernhagen HB. *Kfz:* A 7 bis Abfahrt Großburgwedel, über die Burgwedeler Straße nach Isernhagen HB, dort rechts durch die Bahnhofstraße zum Bahnhof.

Manchmal bremst Hitze die Lust auf lange Touren. Wer sich zu diesem Kurztripp aufrafft, darf unterwegs auf Erfrischung hoffen.

Flotte Flitzer surren durch die Luft

Vom Bahnhofsparkplatz starten wir durch die Bahnhofstraße, biegen nach ca. 200 Metern rechts in den Hainhäuser Weg, unterqueren die Bahn und radeln immer geradeaus durch Wiesen und Felder. Neben Pferden und Ziegen blöken hier schon mal Schafe auf den Weiden. Hasen, Rebhühner, Reiher und Störche geben sich ein Stelldichein. Darüber drehen Milane und andere Räuber in der Luft Routinerunden. Und vielleicht lässt sich irgendwo am Rande sogar ein Rudel Rehe sehen.

Am Golfplatz knickt der Weg nach links ab. Dort umrunden wir ein Modellfluggelände. Bei gutem Wetter starten hier die ganze Woche über ab 17 Uhr kleinere Segler und leise Elektromaschinen bis zu einem Gesamtgewicht von 5 Kilo zu Übungsflügen. Am

Wochenende ist häufig den ganzen Tag über Betrieb, besonders spannend wird es an Veranstaltungstagen (Termine siehe Homepage des Modellflugvereins). Achtung: Die flotten Flieger können mit bis zu 300 Stundenkilometern durch die Luft flitzen und trotz aller Vorsicht auch mal das angepeilte Ziel verfehlen. Zuschauer dürfen das Geschehen aus Sicherheitsgründen daher nur von der Kanalfrequenztafel aus verfolgen.

Bei nächster Gelegenheit überqueren wir nach rechts die Wietze, biegen dann gleich wieder links ab und radeln immer geradeaus. Erst kurz vor der Bahnlinie fahren wir nach rechts und an der nächsten T-Kreuzung wieder rechts. Gleich darauf führen rechts zwischen den Bäumen und Büschen Treppen auf eine Wiese. Sie ist der »Landeplatz« eines kleinen Rodelberges.

Mal stille Idylle, mal wildes Gewusel

Wir fahren weiter geradeaus, dann rechts bis zum Parkplatz. Dahinter liegt er, kuschelig eingewachsen, der Waldsee. Je nach Wetter, Jahres- und Tageszeit herrscht stille Idylle oder wildes Gewusel. Heute ist es warm und wir lechzen dem wohltuenden »Untertunken« schmachtend entgegen. Vorher sehen wir uns aber noch um: Rund ums Wasser verführen Liegewiesen mit Schatten spendenden Bäumen zum Sonnen oder Lesen, ein Spielplatz mit

Der Waldsee in Langenhagen

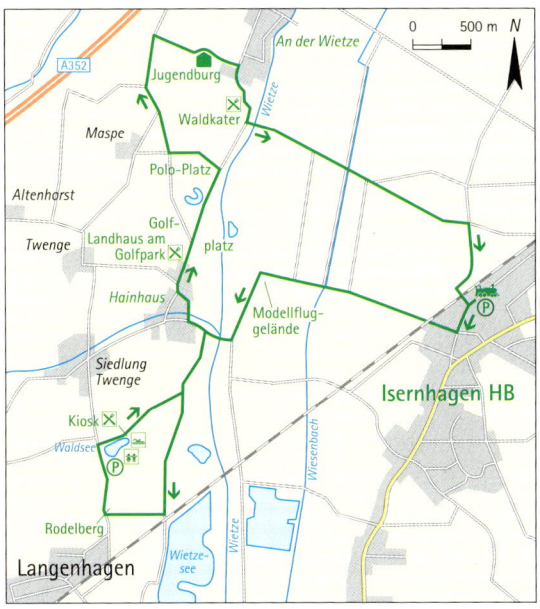

Sandstrand zum Toben und Plantschen, ein Kiosk mit kleinem Biertischensemble zum Plauschen und Verweilen. Und irgendwo auf dem See treibt die knallblaue Rutsche herum, der Hit für kühne Kinder. Mit wildem Gekreische und Gespritze gehen das Entern und der schnelle Abgang in stürmischer Folge vonstatten.

Viel später packen wir unsere Sachen und machen uns wieder auf den Weg. Am Kiosk geht es hinaus, dort begleiten wir einen kleinen Graben nach rechts. An der Kreuzung stoßen wir auf unseren Anfahrtsweg. Wir radeln ein kurzes Stück nach links auf ihm zurück, an der T-Kreuzung aber nicht rechts über die Wietze, sondern links nach Hainhaus. Im Ort biegen wir gleich rechts in den Edderweg, fahren an seinem Linksknick weiter geradeaus in den Fuß-Rad-Weg und umrunden die Dorfwiese bis zur Hauptstraße. Dort geht es nach rechts und gleich wieder rechts zum Golfpark. Links liegt dort das Landhaus am Golfpark, bekannt für seine durchgehend warme Küche. Seine Terrasse beschert Sportlern wie Ausflüglern Ausblick auf einen Teil des Platzes und seine fliegenden Bälle.

Burgzinnen lugen durchs Geäst

Weiter führt der Weg immer geradeaus zwischen den Golfbahnen hindurch bis zu einem Wäldchen. Wir fahren nach links und umrunden es im Uhrzeigersinn. Gleich zu Beginn blicken wir links auf eine weite Rasenfläche, seltsam eben und mustergültig gepflegt. Hier liefern sich Polospieler vieler Vereine Ende Juli halsbrecherische Gefechte. Zwischen Mai und September trainieren heimische Pferde und Reiter unter sich.

Am Ende des Platzes folgen wir dem Hainhäuser Kirchweg nach rechts, passieren einen Reiterhof, fahren weiter geradeaus und an der Weggabelung schräg rechts durch eine Birkenallee. Sobald die Autobahn in Sicht kommt, biegen wir erneut rechts ab und holpern auf einem Schotterweg durch die Felder. Kaum sind wir im nahen Wald angelangt, blinzelt hinter dem Graben ein Burggemäuer durchs Geäst. Hier trotzt die »Jugendburg Eichenkreuz« seit über 70 Jahren Angriffen aus Spiel und Spaß. Als Pastor Wilhelm Brase das Landheim in den 1920er-Jahren plante, wollte er der Standhaftigkeit und Freiheit der deutschen Jugend ein Symbol setzen. Schweres Gestein wurde zum Bau herangeschafft und der christliche »Jünglingsverein Eichenkreuz« aus Vahrenwald als Pate und Namensgeber verpflichtet. Nach 1945 diente die feste Burg vorübergehend als Flüchtlingsunterkunft, später als Stätte für Ausflüglergottesdienste. Dann war sie lange dem Verfall preisgegeben. Seit 1974 herrscht wieder jugendlicher Trubel. Nach gründlicher Renovierung tummeln sich heute in der 34-Betten-Eichenkreuzburg unter der Flagge des Evangelischen Stadtjugenddienstes Hannover Kinder-, Jugend- und Konfirmandengruppen, Schulklassen und erwachsene Teilnehmer von Freizeiten und Seminaren.

Am Ende zischt das »kühle Helle«

An der Festung vorbei folgen wir dem Weg weiter, biegen am Natelsheidering rechts ab und erreichen wenig später noch immer unter hohen Bäumen den Waldkater. Die kleine Ausflugspinte von früher hat sich zu einem stattlichen Lokal gemausert. Im Sommer heben sich auf dem Vorplatz gegen Abend auch noch die Fensterläden des Biergarten-Pavillons. Hier an der Quelle zischt der erhitzte Ausflügler jetzt am liebsten ein kühles Helles.

Irgendwann verlassen wir den Waldkater – zuerst nach rechts, um gleich wieder links abzubiegen. Die Brücke über die Wietze ist schon zu sehen. Wir radeln über sie hinweg, durch ein Wäldchen, dann durch die Felder und Wiesen, lange einfach immer geradeaus. Erst an einer Kreuzung mit einer Bank wenden wir uns nach rechts und erreichen automatisch den Bahnhof.

Christiane Baer-Krause

Informationen:

Modellsegelflugverein SMG Langenhagen e. V., Gottlieb Müller, Hainhäuser Weg 7c, 30916 Isernhagen, Tel. 05 11/73 54 91, www.langenhagen.de

Golfclub Langenhagen e. V., Hainhaus 22, 30855 Langenhagen, Tel. 05 11/73 68 32, Fax 05 11/7 26 19 90.

Niedersächsischer Polo Club e. V., Kontakt Wolfgang Kailing, Maspe 11, 30855 Langenhagen, Tel. 05 11/77 68 68.

Jugendburg Eichenkreuz, Natelsheideweg 102, 30900 Wedemark OT Bissendorf-Wietze, Tel. 0 51 30/67 59. Auskunft über freie Termine, Buchungen und Preise erteilt der Evangelische Stadtjugenddienst Hannover, Am Steinbruch 12, 30449 Hannover, Tel. 05 11/9 24 95 40, Fax 05 11/9 24 95 19, info@esjd.de

Landhaus am Golfpark, Hainhaus 24, 30855 Langenhagen, Tel. 05 11/72 85 20, Fax 05 11/7 28 52 52, info@landhausamgolfpark.de, www.landhausamgolfpark.de, Di–So ab 12.00.

Waldkater, Waldkaterweg 45, 30855 Langenhagen-Maspe im Busch, Tel. 05 11/77 11 02, Fax 05 11/77 11 09, www.wedemark.com/Firmen/Waldkater.htm, Sommer Mo–Sa ab 12.00, So ab 10.00, Winter Mo–Fr ab 15.00, Sa–So ab 12.00.

Karte:

Freizeitkarte Wedemark, Karte mit Begleitheft, Landesvermessung und Geobasisinformation Niedersachsen (LGN), 1:40 000.

8 Der Sieg des gütigen »Giebich«

Tour: Gut zu bewältigende Wanderung durch den Wald zum »Giebichenstein«, dem mit 330 t wohl größten Findling Niedersachsens. Bei gutem Wetter Bade- oder Picknickpause an einem idyllisch gelegenen See. Entlang des geschützten Krähenmoores zum *Waldhotel Krähe* und wieder zurück zum Ausgangsort.

Dauer: Ab Naturdenkmal Giebichenstein sind es ca. 10 km zu wandern, mit einer längeren Pause braucht man dafür ca. 3 1/2 Std. Für die Strecke vom Bahnhof Linsburg bis hierher (einfach 5 km) haben wir uns Fahrräder mitgenommen.

Familie: Der See am Anfang der Tour mit viel Getier im Uferbereich ist interessant für Kinder und auch für Badenixen ein tolles Plantschvergnügen. Kinder sollten für die Wanderung jedoch gut zu Fuß sein.

Saison: Ganzjährig, am schönsten zwischen Mai und Okt.

Varianten: Wem die Länge der vorgeschlagenen Wanderstrecke ausreicht, der sollte bei Anfahrt mit der Bahn ein Fahrrad mitnehmen, um die Strecke vom Bahnhof bis ins Waldgebiet bequem zurücklegen zu können. Ansonsten muss man zu Fuß pro Wegstrecke 5 km zusätzlich einplanen. Sollten Sie dazu keine Lust haben, bleibt noch die Möglichkeit mit dem Auto direkt bis zum Waldrand zu fahren.

Anfahrt: *ÖPNV*: S 2 ab Hannover Hbf. Richtung Nienburg bis Bahnhof Linsburg. Achtung: Da die Station Linsburg nicht mehr zum Großraum-Verkehr gehört, müssen für den Transport pro Fahrrad 3 € eingeplant werden. *Kfz*: Von Hannover die B 6 in Richtung Nienburg, in Linsburg abfahren, weiter nach Stöckse. Im Ort den westlichen Ortsausgang Richtung Freilichtbühne und Waldgebiet Krähe fahren.

Der Legende nach soll ein Riese aus lauter Boshaftigkeit einen gewaltigen Granitblock in Richtung des Ortes Wölpe geschleudert haben. Die Christen dort hatten ihn nämlich auf der Durchreise geärgert, und so wollte er den Kirchturm des Ortes zerstören.

Er warf jedoch zu schwach und der Stein fiel in der Krähe nieder. Angeblich hatte dabei der »Giebich« seine Finger mit im Spiel, ein kleines, gut meinendes Männchen mit geheimen Kräften, das am Rande der Krähe in einer Höhle wohnte (angeblich auch heute noch). Der gütige »Giebich« soll es gewesen sein, der den Stein vorzeitig im Waldgebiet zu Boden zwang.

Vom Eis geprägt

Wir lassen uns auf unserer Tour jedoch nicht so sehr von Sagen beeinflussen. Das Waldgebiet Krähe, ein zum Teil recht hügeliges Mischwaldgebiet, wurde in der Eiszeit geprägt und somit ist der große Granit-Findling von den Eismassen hierher transportiert worden.

Wir starten unsere Tour am Bahnhof Linsburg und fahren zunächst über das Wenderondell parallel den Gleisen. Vor der großen Straßenbrücke über die Bahngleise biegen wir links ein, die nächste Straße Zum weißen Moor dann wieder links. Nach einigen Holzhäusern auf der linken Seite radeln wir jetzt flott auf einem schmalen, asphaltierten Weg durch Wiesen und Felder. An der nächsten T-Kreuzung fahren wir rechts, der Weg

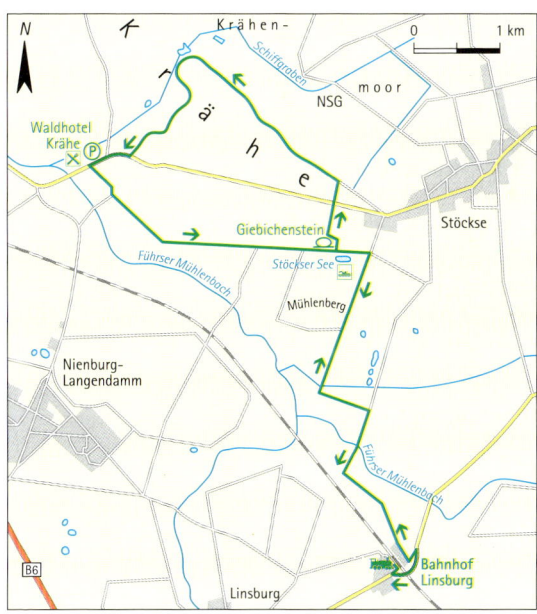

geht in Schotter über. Wir umrunden einige dicke Schlaglöcher und überqueren eine kleine Brücke, die uns über den Führser Mühlbach bringt. Dort, wo der Schotterweg zum asphaltierten Wirtschaftsweg wird, nehmen wir links den nicht-asphaltierten Weg. Diesen fahren wir immer geradeaus bis zu einer T-Kreuzung. Hier geht's rechts auf einen asphaltierten Weg. Nun ist – in dem sonst so flachen Terrain – ein merklicher Anstieg zu spüren, und wir strampeln den Mühlberg hinauf zum Endmoränenzug Krähe.

Libellen schwirren und Frösche quaken

Oben angekommen, nehmen wir den ersten Weg links und stellen unsere Räder am Wegesrand sicher ab. Hier liegt gleich – ein wenig hinter Bäumen versteckt – der Stöckser See, ein uriger, großer, flacher Teich mit klarem Wasser über sandigem Grund. Es ist eine Idylle, wir sind begeistert, ziehen unsere Schuhe aus und erfrischen unsere Füße. Rund um den See gibt es verschiedene Rastplätze. An der Nordseite führen sogar kleine Stufen ins Wasser, sodass Kinder und natürlich auch Erwachsene problemlos ins Wasser können. Frösche quaken und Libellen fliegen umher.

Nachdem wir diesen tollen Picknickplatz verlassen haben, folgen wir weiter dem eingeschlagenen Weg. Auf der rechten Seite sehen wir zwei unscheinbare sandige Waldwege, wir nehmen

Granit-Findling »Giebichenstein«

den zweiten. Ein kleines Hinweisschild (Kreuz an einem Baum) weist auf den »Roswithaweg – Giebichenstein-Linsburg« hin.

Des »Riesens Brocken«

Nach wenigen Schritten sehen wir schon den großen Granit-Findling vor uns. Der Stein liegt auf einem großen, baumbestandenen Terrain, er ist Teil des »Archäologischen Wanderpfads Giebichenstein«. Vor etwa 200 000 Jahren ist der Giebichenstein von den vordringenden Eismassen aus Skandinavien hierher transportiert worden.

Mit 333 Tonnen ist er der größte Findling Niedersachsens. Über eine Holzbohle hat man die Möglichkeit den Stein zu erklimmen. Dort oben erkennt man dann seine Ausmaße so richtig! In unmittelbarer Nähe ist bei Ausgrabungen 1967 ein Lagerplatz von Rentierjägern entdeckt worden. Diese Jägerhorden lebten vor etwa 15 000 Jahren in Norddeutschland. Man fand 350 Feuerstein-Geräte und die noch kreisförmig angeordneten Beschwersteine eines Zeltes. Leider kann man heute nichts mehr davon erkennen. Um 8 000 v. Chr. verschwand mit der Erwärmung des Klimas die Rentierjäger-Kultur. An ihre Stelle traten die Jäger der mittleren Steinzeit. Einige Schritte vom riesigen Findling entfernt, finden sich die Reste eines Großsteingrabes der Jungsteinzeit. Von dieser Anlage, die ursprünglich mit einem großen Erdhügel abgedeckt war, ist nur noch ein Rest der Grabkammer vorhanden.

Wir beginnen nun unsere Waldwanderung, verlassen den »Ort der Steine«, folgen kurz nach links dem »Roswithaweg«, um dann gleich den nächsten Waldweg rechts zu nehmen. Die Wege lassen sich gut erwandern, das Wetter spielt heute auch mit und gelegentlich dringen einige Sonnenstrahlen durch die Bäume.

Nach wenigen hundert Metern kreuzen wir die Kreisstraße 3, die von Nienburg nach Stöckse führt. Wir gehen geradeaus hinüber.

Auf dieser Seite der Straße ist der Waldweg jetzt etwas breiter und fester. An der nächsten T-Kreuzung, gegenüber liegt eine große Wiese, halten wir uns links.

Unberührtes Moor

Wir bewegen uns jetzt auf einem urigen Waldweg am Rande der Krähe, rechts von uns liegen Pferdeweiden und das Krähenmoor. Der Weg gabelt sich, wir gehen weiter geradeaus. Wieder zweigt ein Weg links ab, wir gehen weiter geradeaus. Kurz bevor wir zum Schiffgraben kommen, geht's deutlich bergab; wir haben also die größte Anhöhe des Waldgebietes schon hinter uns gelassen.

Am Ende des Gefälles geht unser Weg links weiter. Wir wollen aber noch einen Blick ins Moor werfen und gehen einige Schritte weiter geradeaus: Links und rechts des Wanderweges sehen wir ein ungestörtes, seit einigen Jahren unter Naturschutz stehendes Feuchtbiotop.

Nach dem kleinen Exkurs geht es wenige Meter zurück. Wir nehmen nun den Weg rechter Hand, um zu unserer Einkehr zu kommen. Rechts von uns liegt das bewaldete Bunkenmoor, in das es keinen Zutritt gibt. Unser Waldweg mündet auf die schon erwähnte Kreisstraße 3. Wir gehen jetzt rechts, leider ein kurzes Stück entlang der Straße. Nun kommt das *Waldhotel Krähe* in Sicht, und wir freuen uns auf Kaffee und selbst gebackenen Kuchen. Wir genießen die wohlverdiente Pause auf der Terrasse und lassen es uns gut gehen.

Dann wird es Zeit für den Rückweg: Gegenüber des Waldhotel-Parkplatzes geht es halblinks in einen kleinen Waldweg. Der Weg ist später asphaltiert. Wir folgen ihm immer geradeaus, bis wir nach insgesamt ca. 10 Kilometern wieder an unserem Ausgangspunkt am See ankommen. Hier steigen wir wieder aufs Rad, fahren hinterm See rechts hinunter und in rasanter Fahrt geht es dann einen asphaltierten Wirtschaftsweg entlang. Wo dieser in einen Schotterweg übergeht, fahren wir links und an der nächsten T-Kreuzung rechts. Wir kreuzen wieder den Führser Mühlbach und fahren an der nächsten Möglichkeit links. Jetzt ist der Weg wieder asphaltiert.

Hier heißt es nun aufpassen: Am S-Bahnhof Linsburg gibt es keine Unterführung oder keinen Übergang, der von einem Gleis zum anderen führt. Das heißt, wir müssen für den Rückweg die Straßenbrücke benutzen, die über die Gleise geht, um auf das Bahngleis Richtung Hannover zu gelangen.

Die S-Bahn bringt uns jetzt in 40 Minuten wieder nach Hannover zurück.

Grit Engelbrecht

Informationen:

Waldhotel Krähe mit Café und Biergarten, Krähe 1, 31582 Nienburg, Tel. 0 50 21/75 43, Fax 0 50 21/6 00 00 67, info@waldhotel-kraehe.de, www.waldhotel-kraehe.de, Okt–März tägl. 9.00–21.00, Do Ruhetag. Hier findet man eine Auswahl leckerer, selbst gebackener Kuchen, warme und kalte Getränke sowie eine kleine Karte mit einfachen warmen Gerichten. Größere Gruppen können sich zum Spargelessen, zu Grillabenden oder zum Grünkohlessen anmelden.

Karten:

Radwanderkarte Niedersachsen, Blatt 17 Nienburg, Landesvermessung und Geobasisinformation Niedersachsen (LGN), 1:75 000.

Radwanderführer Landkreis Nienburg/Weser, Karte 14 und 15, Landkreis Nienburg/Weser.

9 Im Land der drei Ernten

Tour: Rundkurs mit dem Fahrrad ab Neustadt am Rüben-
berge durch Felder, Wiesen und Wälder. Ein Ausflug
für Leute, die das Weite suchen. Überwiegend auf befestigten oder asphaltierten Feldwegen. Eine Beschilderung gibt es nicht, wir fahren meist ganz allein,
manchmal sogar einsame Waldwege. Ziel sind mehrere historische Wind- und Wassermühlen sowie die
modernen Windparks des Neustädter Landes. Einkehrmöglichkeit im letzten Drittel der Tour auf dem Rittergut Evensen.
Länge: Rund 50 km.
Dauer: Tagestour mit längeren Pausen.
Familie: Zu weit für Kinder. Auch Erwachsene sollten an
längere Radtouren gewöhnt sein.
Saison: Ein Ausflug für trockenes, ruhiges Wetter im
Sommerhalbjahr.
Besonderheiten: Einige Wegabschnitte sind übersät mit
Schottersteinen, daher sollten die Reifen hochwertig
sein, sonst gibt es leicht einen Platten. In jedem Fall
Luftpumpe, Flickzeug und Proviant mitnehmen.
Anfahrt: *ÖPNV*: S 2 von Hannover nach Neustadt. *Kfz*:
B 6 (Westschnellweg) ab Hannover nach Neustadt. In
Neustadt ins Zentrum fahren. Hier ist der Bahnhof
ausgeschildert.

Ein chinesisches Sprichwort sagt: »Wenn der Wind des Wandels
weht, bauen die einen Schutzmauern, die anderen bauen Windmühlen.« Die Neustädter haben sich Ende der 1980er-Jahre für
die Windmühlen entschieden und so den Fortschritt nicht ver-
hindert, sondern für sich genutzt. Damals machte die Gemeinde
den politischen Weg frei für den Bau großer Windparks. Heute
erzeugen 72 Windkraftanlagen elektrischen Strom, und an dieser Ernte verdienen Landwirte kräftig mit.

Wir starten unsere Zeitreise durch die jahrhundertealte Nutzung von Wind- und Wasserkraft am Neustädter Bahnhof, überqueren den Busbahnhof diagonal nach links und gelangen über
einen rot gepflasterten Weg und eine Fußgängerampel in Neustadts

Fußgängerzone. Schnurstracks eilen wir durch die merkantile Meile und erreichen schnell die Brücke über die Kleine Leine, einen Kanal, der parallel zum Leine-Fluss verläuft. Vor der Brücke schwenken wir nach links auf den Uferweg des Kanals. Kaum auf dem Sandweg, kommt mit der Ecksteinmühle schon die erste historische Wassermühle in den Blick. 1215 wurde Neustadt erstmals als Mühlenstandort urkundlich erwähnt. Für Anfang des 19. Jahrhunderts ist die Arbeit als Korn-, Loh-, Walk- und Sägemühle schriftlich bezeugt. Aber die Wasserkraft der Leine hält uns nur für den Augenblick hier.

Einsame bäuerliche Landschaft

Es geht links herum zwischen den Mühlengebäuden hindurch bis zur Straße, dort rechts und zur Stadt hinaus bis ins Nachbardorf Empede. Hier lenken wir unsere Räder am ersten Abzweig nach links und sofort wieder nach rechts in die Straße Zum Bodenkamp und weiter in den Forstweg. Der Hinweis »Wanderweg M3« führt uns nach links auf einen asphaltierten Feldweg, der uns endgültig in die Einsamkeit bäuerlicher Kulturlandschaft

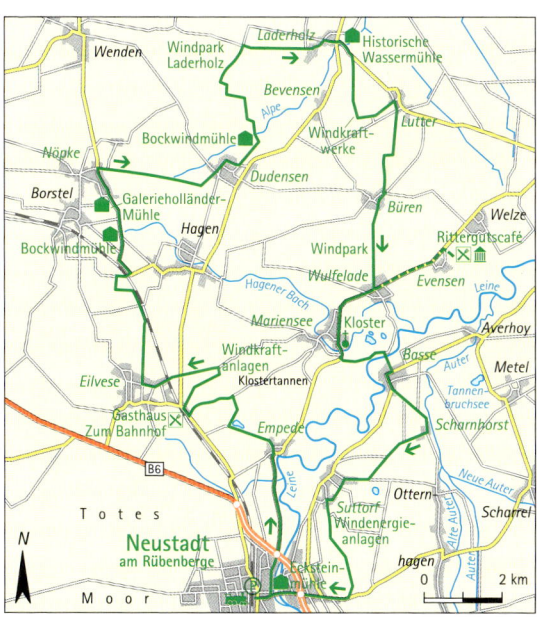

hinauszutreiben scheint. Plötzlich Möranenlandschaft mit Sand-
boden und Kiefernbestand. Wir fahren geradeaus bis zu einem
Sportplatz. Hier biegen wir rechts ab und kommen in einen Wald
mit dem Namen »Klostertannen«, ein Hinweis auf das nahe ge-
legene Kloster Mariensee. An der ersten T-Kreuzung im Wald
schwenken wir nach links und fahren hinaus bis an die Straße,
der wir nach rechts folgen bis zum Gasthaus *Zum Bahnhof.* Wir
fahren nach rechts über den Hof der Gastwirtschaft auf einen
Feldweg, dem wir an der Gabelung nach links folgen. Und jetzt
wird klar, wohin die Reise geht. Wir nähern uns dem, was Kriti-
ker »Spargel« nennen: den ersten zwei Windkraftanlagen.

Ein kleiner blauer Wind reicht aus

Wir halten an. Am Boden ist es fast windstill, die dürren Äste
bewegen sich kaum, und doch, da oben in Rotorhöhe geht ein
Lüftchen, ein kleiner blauer Wind, der die Flügel kreisen lässt.
Mit einem leisen, scharfen Rauschen durchschneiden sie den

Die Bockwindmühle steht seit
1827 am Rande des Dorfes
Dudensen.

66

Wind. So leise, dass eine einzige Lerche noch zu hören ist ... Es geht weiter. Am Querweg biegen wir links ab, kreuzen die Landstraße und rollen nach Eilvese hinein. Gleich bei der Einfahrt in die kleine Gemeinde kommt rechts die Straße Zum Eisenberg. Die nehmen wir und gelangen, immer der Straße folgend, in den Wald (nach 2 Kilometern die Brücke rechts liegen lassen) bis zur Feldwegkreuzung. Hier geht es zweimal rechts, unter der Bahntrasse hindurch, dann links auf die Hauptstraße. Jetzt können wir sie schon sehen, die ersten zwei historischen Windmühlen unserer Tour. Wir ziehen zunächst an einer Bockwindmühle vorüber, die auf einem achteckigen Unterbau aus Stein ruht. Sie wurde um 1770 erbaut und war bis 1930 in Betrieb. Etwa 100 Jahre jünger ist die hübschere Galerieholländer-Mühle, die nur wenige hundert Meter entfernt auf einer leichten Anhöhe steht. Es ist ein massiver Ziegelbau mit einer Kappe aus Schindeln.

Zurück auf der Hauptstraße biegen wir nach rechts ab in die Stembergstraße und erreichen nach 3 Kilometern Dudensen. Wir rollen durchs Dorf, in dem alles eine Nummer kleiner zu sein scheint, und biegen am anderen Ende, dem Hinweisschild folgend, nach links zur Bockwindmühle ab, die seit 1827 hier steht.

Rast an der historischen Wassermühle

Wir setzen unseren Weg um die Mühle herum fort, nehmen den holprigen Waldweg etwa 700 Meter über eine Wegkreuzung hinaus. Nach weiteren 600 Metern führt unser Weg nach rechts bis zur nächsten T-Kreuzung, an der wir links und nach 200 Metern rechts abbiegen. Auf diesem Weg kommen wir zum Windpark Laderholz mit zwölf Anlagen. Die geflügelten Stahltürme stehen auf gepachtetem Ackerland. Die Bauern, die drumherum pflügen, säen und ernten, erhalten von den Betreibern der Anlagen pro Jahr eine Nutzungsentschädigung von jährlich 76 000 €. Sie nennen das ihre dritte Ernte.

Wir sitzen wieder auf und fahren ins Dorf Laderholz bis zur historischen Wassermühle. Seit 840 Jahren treibt das Wasser der Alpe die Mühlräder an, und noch bis 1950 hat ein Müller hier Getreide gemahlen.

Mehr als die Hälfte der Tour ist geschafft, wir gönnen uns eine Pause auf einer der Bänke am Mühlenteich und stärken uns für den energietechnischen Höhepunkt des Ausflugs.

Am Fuße riesiger Stahltürme

Weiter geht es auf der Straße an der Mühle vorbei. Nach etwa 300 Metern folgen wir dem halbrechts abzweigenden Waldweg. Dieser führt über Gras und Schotter auf eine weite Anhöhe. Kein Strauch, kein Baum gibt den riesigen Ackerflächen Struktur. Bei Bevensen hat der Wind »freie Anströmung« auf zwei Dutzend Windkraftwerke, die majestätisch bis zu einer Nabenhöhe von 65 Metern in den Himmel ragen. Es geht zwischen den Stahltürmen hindurch. Wieder ertönt das scharfe Rauschen ihrer mächtigen Rotoren (bis 60 Meter Durchmesser). Eine einsame, surrealistische Szenerie, die Ehrfurcht einflößt. Die Leistung aller 72 Anlagen im Neustädter Land reicht rechnerisch aus, um 20 000 Vierpersonenhaushalte mit Strom zu versorgen. Anteilseigner erhalten Ausschüttungen von bis zu 300 Prozent.

Diese finanziellen Aussichten verleihen Flügel, wir setzen unsere Fahrt fort, halten uns an der nächsten Feldwegkreuzung links und rollen nach Lutter hinunter. Gleich die erste Häuserzeile heißt Vorm Schulzenkamp. Hier biegen wir ein und gleiten schnell an einem weiteren Windpark entlang. In Büren rollen wir links am Sportplatz vorbei und biegen dann nach rechts ab. In der Kurve fahren wir auf die Hauptstraße und radeln auf dieser am Windpark Wulfelade/Büren vorbei.

Hier im Dörfchen Wulfelade müssen wir uns entscheiden: Weiterfahren oder Pause machen und Kaffee und Kuchen genießen? Wir entscheiden uns für den Genuss und verlassen die Mühlentour für einen 2-Kilometer-Abstecher nach Evensen. Unser Ziel ist das idyllische *Rittergutscafé Evensen*. Am Wochenende gibt es hier selbst gebackene Torten und Kuchen. Die Gäste sitzen im Garten und können hofeigenes Damwild beobachten oder das landwirtschaftliche Museum und Kleintiere im Stall besuchen. Das Rittergut liegt rechts an der Hauptstraße.

Mit einem wohligen Gefühl im Leib und etwas schläfrig von der Sonne im Cafégarten kehren wir zurück nach Wulfelade auf den Mühlenkurs.

Am Ortsausgang begeben wir uns rechts auf den Radwanderweg nach Mariensee. So radeln wir auf das gleichnamige Nonnenkloster zu, das 1207 erstmals urkundlich erwähnt wurde. Das Stiftsgebäude erhielt sein heutiges Erscheinungsbild in den Jahren 1726–1729. Auf dem gepflegten Klostergelände können wir die Würde des historischen Ortes genießen und ganz nebenbei unsere müden Oberschenkel ein wenig ausschütteln.

Anschließend fahren wir auf der Hauptstraße Richtung Helstorf. Wir überqueren die Leine und nehmen Kurs auf Basse. Am Ortsende geht es links Richtung Scharnhorst und schon nach 400 Metern wenden wir uns nach rechts, am Ende des Weges nochmals rechts. Nach dem Schotterweg fahren wir nach rechts auf den Asphaltweg nach Suttorf. Den Ort durchfahren wir links über die Neue Wiese und am Ende halblinks Auf dem Ohr. Auf diesem Weg passiert man die letzten fünf großen Windenergieanlagen. An der Landstraße biegen wir rechts ab und gelangen so zurück nach Neustadt. Wir verlassen einen Landstrich, in dem 1994 mit ganzen 16 Türmen der größte Windpark des europäischen Binnenlandes in Betrieb ging. Die Anlagenbauer haben sich seither mehrmals selbst übertroffen. Die ältesten Anlagen sind 41 Meter hoch und leisten 150 Kilowatt. Die mittlere Generation bringt es bei einer Nabenhöhe von 65 Metern auf 500 Kilowatt und die neueste Technik schafft mit größeren Rotoren 1 300 Kilowatt. Wir haben unsere 50-Kilometer-Tour mit einer Muskelleistung bestanden, die gerade mal eine Glühbirne zum Leuchten bringen würde.

Thomas Engelbrecht

Informationen:

Kloster Mariensee, Höltystr. 1, 31535 Neustadt-a.-Rbge.-Mariensee, Tel. 0 50 34/47 77, Fax 0 50 34/92 67 34, www.kloster-mariensee.de, Führungen Mi, Fr, So 15.00–18.00, Sa 10.00–12.00 und 15.00–18.00, Eintritt 2 €.

Wassermühle Laderholz, www.wassermuehle-laderholz.de, Pfingstmontag (Deutscher Mühlentag) bis Sep So 14.00–17.00, Getreide wird nicht gemahlen, aber man kann sehen, wie die Mechanik funktioniert.

Bockwindmühle Dudensen, Führungen durch die Mühle Apr–Sep jeden letzten So im Monat 11.00–16.00.

Rittergutscafé Rittergut Evensen, Schelppwisch 1, 31535 Neustadt, Tel. 0 50 72/5 83, Rittergut-Evensen@web.de, www.rittergut-evensen.de, Sa, So, Fei 13.00–19.00, wochentags nach Absprache.

Buchtipp:

Sonnentempel und Windgötter. 7 Entdeckertouren zu Klimaschutzprojekten in der Expo-Region Hannover, Hannover 2000 (erhältlich bei Niedersächsische Energie-Agentur GmbH, Rühmkorffstr. 1, 30163 Hannover, Tel. 05 11/9 65 29 10, Fax 05 11/9 65 29 99, sj@nds-energie-agentur.de). Unsere Mühlentour geht zurück auf einen Exkursionsvorschlag in dieser Broschüre.

Karte:

Radwanderkarte Niedersachsen, Hannover Nord, Landesvermessung und Geobasisinformation Niedersachsen (LGN), 1:75 000.

Tour: Kombinierte Rad- und Bootstour von Wunstorf nach Steinhude. Mit dem Auswanderer übers Meer nach Mardorf, von dort entlang des Westufers durch das Natur- und Vogelschutzgebiet Meerbruch über Steinhude zurück nach Wunstorf. Die gesamte Strecke ist für Radfahrer gut ausgeschildert.

Länge: 33 km auf dem Rad und 5 km mit dem Auswanderer übers Meer.

Dauer: Gemächliche Tagestour mit längeren Pausen.

Familie: Viel Abwechslung für Kinder, aber die Sprösslinge sollten das Radfahren gewöhnt sein, denn die Strecke um das Westufer zieht sich. Und meist weht der Wind von vorn.

Saison: Von Apr bis Mitte Sep, am schönsten zur Rapsblüte im Mai. Tipp: Vermeiden Sie typische Ausflugsfeiertage wie 1. Mai oder Himmelfahrt, denn dann ist es mit der Idylle vorbei und Sie sind Teil des Staus rund ums Meer.

Besonderheit: Nehmen Sie ein Fernglas mit für den intimen Blick auf die Vogelwelt.

Varianten: Wer nur eine kurze Radtour (16 km) machen will, der verbringt den Tag in Steinhude. Dann bietet sich die Besichtigung des Wilhelmsteins an, ein künstliches Eiland, das kein geringerer als Graf Wilhelm zu Schaumburg-Lippe im 18. Jh. aufschütten ließ, um eine Wehranlage darauf zu errichten. Heute ist die Festung Militärmuseum. Die Auswanderer bringen Sie hin (Fahrzeit 25 Min.).

Anfahrt: *ÖPNV:* Mit der S 1 oder S 2 ab Hannover bis Bahnhof Wunstorf. *Kfz:* A 2 bis Abfahrt Wunstorf-Luthe. Dann weiter über die B 441 nach Wunstorf fahren. Rund um den Bahnhof gibt es ausreichend Parkplätze.

Diese Tour zählt zu jenen, nach deren Ende man abends zufrieden ins Bett sinkt. Das Gesicht von Sonne und Wind gegerbt, der Körper wohlig-müde von viel Bewegung und der Kopf voll von der Illusion, dass es noch intakte Natur gibt. Oder besser, dass der Mensch sie wieder herstellen kann. Das Steinhuder Meer und seine Umgebung gehören zu Europas wertvollsten Naturschutzgebieten. Gleichzeitig ist Norddeutschlands größter See ein beliebtes Ausflugs- und Ferienziel. Beides geht hier zusammen. Obwohl tausende von Menschen Erholung und Erlebnis finden, steigt die Bedeutung des Naturparks für Wassergetier und Zugvögel stetig an.

Am Wunstorfer Bahnhof angekommen, schieben wir unsere Räder in die Gleisunterführung. Im Tunnel folgen wir dem Hinweis »Bahnhofstraße«. Oben auf dem Bürgersteig wenden wir uns links und fahren die Bahnhofstraße hinunter. Das nächste Schild führt uns geradeaus in die Blumenauer Straße und nach wenigen Metern links in den Luther Weg. Unmittelbar vor den Bahngleisen biegen wir rechts ab in einen Weg für Fußgänger und Radfahrer. Wir überqueren die Aue über eine Holzbrücke, fahren links und tauchen in eine Auenlandschaft ein. Am nächsten Wegepilz wenden wir uns nach rechts und oben auf dem Damm links. Wir bleiben auf dem Damm, überqueren vorsichtig eine Hauptverkehrsstraße, fahren weiter geradeaus an der Aue entlang und biegen auf der zweiten Straße, die unseren Weg kreuzt, nach rechts ab. An der Ampelkreuzung geht's geradeaus, am Baumarkt vorbei. Dann weiter über das Bahngleis bis zur T-Kreuzung des Feldweges. Hier geht es links herum und dann immer der Nase nach (und den Schildern) Richtung Steinhude. Ab jetzt prägen Feld und Flur das Landschaftsbild. Wir radeln durch das Hohe Holz, ein Waldstück mit großen Buchen und Kastanien.

Das Blaugeblinke des Meeres zieht uns an

Am Ende des Hohen Holzes wandelt sich der Waldweg in ein asphaltiertes Sträßchen, das uns bis ins Zentrum Steinhudes führt. Auch im Ort folgen wir immer dem Weg, auch mal auf Kopfsteinpflaster, und erreichen flugs den Endpunkt unserer ersten Etappe: den Bootsanleger für die Auswanderer. Auf den letzten 100 Metern sind wir förmlich eingerahmt von den Angeboten der geschäftstüchtigen Steinhuder. Wir aber haben heute nur Augen für das »Blaugeblinke des sonnenhellen Steinhuder Meeres«, wie es Hermann Löns 1897 ausdrückte. Jetzt breitet der flache See seine 32 Quadratkilometer Wasserfläche wie ein glitzerndes Laken vor uns aus.

Von West nach Ost misst er 9 Kilometer, von Süden nach Norden etwa 4 1/2 Kilometer. An der tiefsten Stelle sind es 3 1/2

Meter, meist aber nur 1,6 Meter. Seine Existenz verdanken wir der letzten Eiszeit, die unter dem Sand riesige Eislinsen entstehen ließ. Als es wieder wärmer wurde, schmolzen diese Permafrostgebilde, die darüber liegenden Schichten senkten sich leicht und in der Mulde sammelte sich allmählich das Wasser.

Flucht mit einem Auswanderer

Etwa 15 000 Jahre später nimmt uns vor dem Bootssteg der Skipper Richard Rehbock in Empfang. Er wird uns mit seinem flachen Holzboot übern See ans Nordufer nach Mardorf fahren. Wir bugsieren die Räder an die Spitze des langen Holzstegs und helfen, Fahrräder und Gepäck an Bord zu hieven. Es wird ein bisschen eng, aber tatsächlich passt alles in ein Boot: 15 Personen, Fahrräder und Gepäck. Die alte Nussschale riecht nach Holz und Tampen, der kleine Außenborder tuckert gemächlich vor sich hin, 35 Minuten auf dem Meer liegen vor uns. Zeit genug mit Skipper Rehbock zu plaudern. Warum heißen die Boote eigentlich »Auswanderer«? Das sei eine alte Überlieferung, erzählt er. Früher grenzten verschiedene Länder ans Steinhuder Meer. Wenn man über den See fuhr, kam man ins Ausland und wanderte

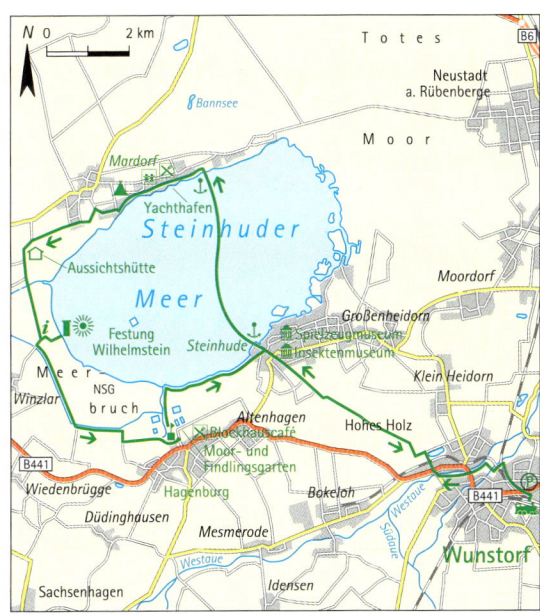

15 Fahrgäste samt Rädern und Gepäck – für den Skipper und seinen Auswanderer kein Problem

praktisch aus. Mardorf im Norden gehörte zum Königreich Hannover, Steinhude und Hagenburg waren Teil des Fürstentums Schaumburg-Lippe. Heute sind die Ausfahrten der insgesamt 38 Auswanderer zum Glück das reine Vergnügen.

Unser Skipper schwärmt vom Fischreichtum seines Meeres. Hechte, Schleien, Zander, Karpfen, Barsche, Brassen – bis auf Forellen sei alles drin. Und natürlich auch der unvermeidliche Aal, der als Steinhuder Rauchaal besonders beliebt ist. Die Nachfrage nach dieser Delikatesse ist so groß, dass die Fische zu 90 Prozent eingeführt werden müssen. »Viele kommen aus Polen«, erzählt unser Fährmann, »werden mit Steinhuder Meer-Wasser getauft und laufen dann unter Steinhuder Rauchaal. Wichtig ist, dass er frisch geräuchert ist.« Etikettenschwindel? Ach was! »Wenn Sie beim Schlachter Wiener Würstchen kaufen, kommen die ja auch nicht aus Wien«, gibt der Skipper zur Antwort.

Auf geht's ins Naturschutzgebiet

Unsere Gruppe erreicht das Nordufer und legt am Bootssteg an der Weißen Düne an. Hätten wir heute sonst nichts mehr vor, würden wir hier 1 bis 2 Stunden Strandurlaub einlegen. Uns aber zieht es weiter, das letzte Rad ist noch nicht aus dem Boot gehoben, da sind unsere Kinder schon auf dem Promenadenweg von Mardorf. Wir nehmen den Weg nach links und ziehen jetzt lange durch die Wochenendhaus-Landschaft von Mardorf, vorbei an Yachthafen und Campingplätzen. Hier gibt es mehrere Restaurants, Cafés und Spielplätze. Wir verlassen die Promenade am Hotel mit den blauen Balkonen. Ab hier ist der Weg nach Steinhude gut ausgeschildert.

Der nächste Haltepunkt ist eine auf Stelzen stehende Aussichtshütte am Nordrand der Meerbruchswiesen. Die Hütte steht exakt auf einer Geestkante, die vor vielen tausend Jahren Uferlinie eines viel größeren Steinhuder Meeres war. Die brettebene grüne Wiesenlandschaft des Meerbruchs ist heute das Wirkungsfeld staatlicher Umweltschutzbemühungen. Dazu gleich mehr, aber zunächst müssen wir wieder auf die Räder und noch ein Stück weit entlang des Westufers Richtung Süden radeln.

Rastplatz für gefiederte Gäste aus nah und fern

Links erkennen wir, dass große Wiesenflächen überschwemmt sind. An einer Stelle reicht das Wasser sogar bis an den befestigten Weg. Hier steht auch ein weiterer hölzerner Beobachtungsposten. Seine Sehschlitze geben den Blick frei auf eine 16 Hektar große Flachwasserzone. Skurril aus dem Wasser ragende, verwitterte Weidezaunpfähle erinnern daran, dass die Wiesen einmal landwirtschaftlich genutzt waren. Doch schon Anfang der 1980er-Jahre wurde das Land vom staatlichen Umweltschutz dauerhaft unter Wasser gesetzt. Der Erlenwald, der das Westufer des Sees säumt, versinkt allmählich in einem Sumpf. So hat sich ein Vogelbiotop mit großer Artenvielfalt entwickelt. Naturschützer haben rund ums Meer über 260 Vogelarten gezählt, und wir haben die Möglichkeit, dieses stille Paradies auf einem verschlungenen Weg zu besichtigen.

Wir radeln noch ein Stück weiter, bis wir eine vogelkundliche Infotafel erreichen. Sie markiert den Eingang ins Biotop. Unsere Räder müssen wir draußen lassen. Der mehrere 100 Meter lange Pfad führt uns hinein in das abgeschiedene Reich von Zwergstrandläufer, Sandregenpfeifer, Großem Brachvogel, Rotschenkel, Grünschenkel, Rohrammer und anderen Arten mit eigentümlichen Namen. Durch Schwarzerlen und Röhricht gelangen wir bis ans Ufer des Meeres. Den Endpunkt des Weges markiert ein Holzturm, der uns einen wunderbaren Überblick über ein Gewässer verschafft, das für Mensch und Natur gleichermaßen wichtig ist. Wer allein kommt, dem kann die Seele an diesem Fleckchen schon mal davongleiten. Wie hatte doch unser Skipper berichtet: »Über 6 500 private Segelboote sind hier gemeldet, aber Gott sei Dank liegen die meist immer am Steg, sonst könnten Sie zu Fuß über den See gehen«. Im Winter herrscht sowieso Fahrverbot, dann gehört der See ganz allein den Vögeln. Im Dezember 2001 wurden rund 30 000 Vögel gezählt, die sich gleichzeitig auf dem Wasser aufhielten. Die Gäste kommen aus ihren Brutgebieten in Osteuropa, Skandinavien oder dem fernen Sibirien, um hier zu rasten oder zu überwintern.

Eine Passage für die »Kriegsflotte«

Wir beenden unsere beschauliche Rast, sitzen wieder auf und folgen dem beschilderten Weg nach Steinhude. Noch liegen einige Kilometer vor uns. Auf diesem uferfernen, südwestlichen Abschnitt durch Wiesen und Felder legen wir einen Zahn zu. Das nächste Etappenziel ist das Hagenburger Schloss mit den benachbarten Moor- und Findlingsgärten. Kurz vor diesem Ziel hilft uns eine bogenförmige Holzbrücke über den Hagenburger Kanal. Er wurde 1772 auf Befehl von Graf Wilhelm zu Schaumburg-Lippe ausgehoben, damit die »Kriegsflotte« des hohen Herrn eine Passage vom Sommerschloss zur Inselfestung im Meer hatte. Auf der anderen Seite der Brücke biegen wir links und gleich wieder rechts Richtung Moorgarten ab. Am Moorgarten wartet ein Blockhauscafé mit Holzterrasse auf seine Gäste.

Der letzte beschilderte Streckenabschnitt führt uns entlang des Hagenburger Kanals und schließlich am Ufer des Meeres bis hinein nach Steinhude. Wer noch Zeit und Muße hat, kann das muntere Treiben des Fischerortes von einem Straßencafé aus beobachten, durchs historische Scheunenviertel schlendern oder das Insektenmuseum und seine neue Schmetterlingsfarm besichtigen. Wen es nach Hause zieht, der nimmt wieder den Weg ab Bootsanleger durch die Graf-Wilhelm-Straße, Vor dem Tore und Braustraße zurück nach Wunstorf.

Thomas Engelbrecht

Informationen:

Tourist-Information Steinhude, Meerstr. 2, 31515 Wuns-
torf-Steinhude, Tel. 0 50 33/9 50 10,
touristinfo.steinhude@steinhuder-meer.de,
www.steinhuder-meer.de

Die Auswanderer werden betrieben von der Steinhuder
Motorboot Betriebs GmbH, Tel. 0 50 33/17 21. Die
Boote fahren tägl. 9.00–18.00, wenn mindestens 8
Erwachsene mitfahren. Fahrpreis einfach: Erwachsene
2,50 €, Kinder bis 14 Jahre 1,50 €, Fahrrad 2,50 €.

Insektenmuseum Steinhude, Am Knick 5, 31515 Wunstorf-
Steinhude, Tel. 0 50 33/93 94 51,
emailmuseum@insectsworld-steinhude.de,
www.insectsworld-steinhude.de, Mo–Fr 11.00–18.00,
Sa–So 10.00–18.00, Eintritt: Erwachsene 5 €, Kinder
2,50 €, Familienkarte 11 €.

Inselfestung Wilhelmstein, 1. Apr–15. Okt tägl. 9.00–18.00,
Eintritt: Erwachsene 3 €, Kinder 1 € zzgl. Fahrpreis
Auswanderer: Erwachsene 5 €, Kinder 3 €. Gruppen-
führungen nach Voranmeldung (Kontakt: Tourist-
Information).

Steinhuder Spielzeugmuseum, Meerstr. 19, 31515 Wunstorf-
Steinhude,Tel. 0 50 33/93 92 07, 1. Apr–31. Okt tägl.
außer Mo 13.00–18.00, 1. Nov.–31. März Sa, So 13.00–
17.00, Eintritt: Erwachsene 2 €, Kinder 1 €.

Buchtipp:

Thomas Brandt u.a.: Naturerlebnis Steinhuder Meer.
Ein Reise- und Freizeitführer, Hannover 2001.

Karte:

Radwanderkarte Niedersachsen, Hannover und Umgebung, Landesvermessung und Geobasisinformation
Niedersachsen (LGN), 1:75 000.

11 Mittelalterliches Kleinod

Tour: Angenehme und beschauliche Rundtour per Rad von Wunstorf am Mittellandkanal entlang zum Yachthafen nach Idensen. Von dort geht es zu einer kleinen frühromanischen Kirche mit wertvollen und einmaligen Fresken. Auf der Strecke gibt es verschiedene nette Einkehrmöglichkeiten, Kaffee-Stuben und -Deelen mit fantastischen selbst gebackenen Torten.
Länge: Ca. 21 km.
Dauer: Reine Fahrzeit ca. 2 Std. Mit Pausen und Kirchenbesuch in Idensen kann man gut 4 Std. einplanen.
Familie: Für Kinder ist diese ebene Tour mit vielen Rastmöglichkeiten sehr gut zu schaffen. Wer keine Lust hat, lässt das Kirchen-Kulturerlebnis einfach weg.
Saison: An schönen Tagen zwischen Mai und Okt.
Anfahrt: *ÖPNV:* Mit der S 1 oder 2 von Hannover zum Bahnhof Wunstorf. *Kfz:* A 2 bis Abfahrt Wunstorf-Luthe. Dann weiter über die B 441 nach Wunstorf fahren. Rund um den Bahnhof gibt es ausreichend Parkplätze.

Für die Tour gilt: »Das Schöne liegt oft direkt vor der eigenen Haustür!« Die Radtour ist bequem zu bewältigen, wir haben Bewegung und sehen uns auf dem Weg im kleinen Ort Idensen eine 900 Jahre alte romanische, nach ihrem Mindener Erbauer Bischof Sigward benannte Kirche an. Dieses, außen sehr schlicht gehaltene Gotteshaus birgt eine kulturhistorisch einmalige Freskenmalerei. Sie gilt als die älteste ihrer Art in Deutschland.

Durch die Felder zum Rittergut Düendorf

Am Bahnhof Wunstorf schieben wir unser Rad durch die Unterführung in Richtung Ausgang Süd, überqueren den P+R-Parkplatz und halten uns links. An der nächsten Kreuzung geht's rechts in die Industriestraße. Vorbei an einigen Einkaufsmärkten erreichen wir die Kohlenfelder Straße, wenden uns links und benutzen den Radweg. Kaum haben wir die Stadt verlassen, biegen wir rechts ab in die Feldmark. Der Weg ist asphaltiert und führt schnurgerade in die offenen Felder hinein. Halb rechts in

der Ferne ist die 100 Meter hohe Abraumhalde des Kali-Berg-
werkes von Mesmerode zu sehen. Wir werden diesem Berg heute
noch viel näher kommen ...

Der Weg macht eine Linkskurve, wir folgen dem Weg. An
einer T-Kreuzung fahren wir rechts, wenig später entlang der
Tennisanlagen des TuS Wunstorf. Der asphaltierte Weg endet
und geht in einen festen Schotterweg mit Alleecharakter über.
Wir sehen jetzt bereits die ersten Gebäude des Gutes Düendorf.
Wir folgen dem wieder einsetzenden Asphaltweg und radeln vor
der Gutseinfahrt links entlang eines alten Fachwerkbaus.
Pferdemistgeruch zeugt von der heutigen Nutzung des Hofes:
Unzählige Ställe beherbergen stolze Rösser und Besitzer und Pfer-
deliebhaber gehen hier ein und aus. Weiter geht's entlang einer
Reihe von drei alten Wohnhäusern, immer geradeaus in die Fel-
der hinein.

Vorbei an gemächlich schippernden Kähnen

Schöne alte Birken säumen unseren Weg Richtung Mittellandkanal. Wir nähern uns dem Kanal und müssen den Uferweg wie eine
Deichkrone im kleinsten Gang »erklimmen«. Oben angekommen,

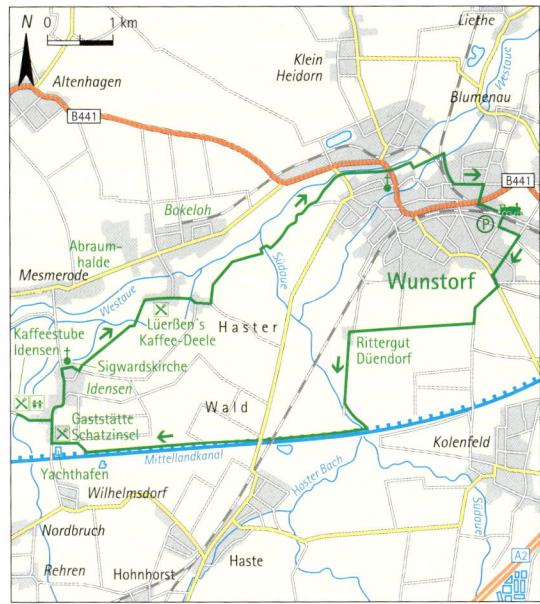

fahren wir rechts und bleiben nun für einige Zeit auf dem Ka-
nal-Uferweg. Wir radeln bei weitem nicht mit verschärftem Tempo, dennoch überholen wir einen gemächlich dahingleitenden
Binnenschiffer mit seinem voll geladenen Kahn.

Kurz vor dem Yachthafen Idensen biegt der Uferweg scharf
rechts ab und wir verlassen den Kanal. Der Weg führt uns entlang eines privaten Wildgeheges. Wir bleiben stehen und schauen
kurz den gemütlich äsenden, gar nicht scheuen Tieren zu.

10 Kilometer nach dem Start in Wunstorf erreichen wir den
Yachthafen Idensen mit seinem *Gasthaus Schatzinsel*. Hier kann
man von der Terrasse aus den Freizeitskippern auf ihren teilwei-
se recht üppigen Yachten zusehen und die erste Pause einlegen.

Wer weitermöchte, fährt geradeaus bis zur Brinkstraße. Wer
jetzt einen Abstecher zur *Kaffeestube Idensen* machen möchte,
biegt von der Brinkstraße links in die »Branddrift« (Hinweisschild) ab. Man verlässt den Ort, überquert eine historische Brücke
und nach einigen hundert Metern erreicht man die Kaffeestube.
Vor der Tür ist ein schöner Spielplatz mit Sandkiste und viel
Rasenfläche, hier können Kinder gefahrlos toben und tollen. Ein
Wintergarten oder die Terrasse laden zum Verweilen ein.

Vorbei an properen Hofeinfahrten besteht hier und dort die
Möglichkeit, landwirtschaftliche Erzeugnisse zu kaufen. Die Be-
zahlung beruht auf »Treue und Glauben«, d.h. der Geldbetrag
wird in eine Kassette gelegt. Wir bleiben auf der Brinkstraße,
und fast am Ortsausgang weist uns ein Schild nach rechts zur
Sigwardskirche. Die Kirche liegt linker Hand auf einer Wiese.
Den Schlüssel holen wir uns vorher im Gemeindehaus gegenüber.

In der Privatkapelle des Bischofs

Die Kirche, ein schlichter Bau, wurde aus sorgfältig bearbeiteten
Sandsteinquadern errichtet. Reich präsentiert sich jedoch das
Innere: Nahezu der gesamte Innenraum enthält noch die bedeutenden Wandmalereien aus der Entstehungszeit der Kirche um
1130. Seit dem 15. Jahrhundert waren die Fresken durch mehrere Kalkanstriche überdeckt und blieben so der Nachwelt erhalten. Bis heute waren mehrere aufwendige Restaurierungs- und
Konservierungsarbeiten notwendig. Bischof Sigward von Minden (gest. 1140) ließ das Kirchlein einst als Eigen- bzw. Grabes-
kirche erbauen. Die oberen Kirchenwände und Gewölbefelder

Wertvolle Freskenmalerei in der romanischen Sigwardskirche

zeigen theologische Inhalte des Alten und des Neuen Testaments. Die intensive blaue Farbe des Hintergrundes aller Bilder wurde aus grobkörnig gemahlenem Lapislazuli hergestellt. Der Halbedelstein kam aus Indien und kostete so viel wie Gold. Für den weißen Grund der Gewänder verwendete man reinen gemahlenen Marmor. Auf dem Weg zum Ausgang entdecken wir einen schmalen, nur schulterbreiten steilen Gang, der auf ausgetretenen Originalstufen nach oben führt. So gelangt man in einen kleinen, sehr schlichten, fast quadratischen Raum mit einem gemauerten Altar. Dies war vermutlich die Privatkapelle des Bischofs.

Mit Blick auf den »Kalimandscharo«

Nach unserem sakralen Exkurs geben wir den Schlüssel zurück und radeln die Straße An der Sigwardskirche weiter entlang, bis uns links ein Radwegweiser den Weg nach Wunstorf (6 Kilometer)

81

weist. Durch die Felder geht es nun auf einem Betonweg flott nach Bokeloh. Halblinks vor uns liegt nun ganz nah die große, gräuliche Kali-Abraumhalde, der »Kalimandscharo«. Wir sind inzwischen knapp 14 Kilometer gefahren. An einer Weggabelung fahren wir links und folgen dem Schild »Bokeloh – 1,5 km«. Wir erreichen die Schlossstraße und somit auch *Lüerßen's* gemütliche *Kaffee-Deele*. Nach einer Verschnaufpause und der Stärkung mit einer äußerst leckeren Torte schwingen wir uns wieder aufs Rad und folgen dem Radwegweiser nach Wunstorf. Wir sind jetzt an der Dorfstraße und halten uns rechts. Nach der Überquerung einer kleinen Brücke folgen wir dem Hinweisschild für Radfahrer links in die Forststraße hinein. Am Waldrand geht es wieder links, immer am Haster Wald entlang durch die Feldmark. In der Ferne sieht man bereits den Turm der Wunstorfer Stadtkirche. Wir überqueren die Aue auf einer hölzernen Brücke und bleiben immer auf unserem Weg. An einer Weggabelung gibt es zwei unterschiedliche Hinweisschilder in die Stadt hinein. Wir nehmen den linken, längeren Weg (1,7 Kilometer) ins Zentrum, da wir an der Aue entlang zum Bahnhof fahren. Nach kurzer Zeit überqueren wir geradeaus die Straße In den Ellern, fahren weiter an der Aue, überfahren die Südstraße geradeaus und folgen weiter dem Auenverlauf. Es folgt eine Gabelung, ein Wegepilz weist nach rechts den Weg zum Bahnhof. Wir rollen auf einem Asphaltweg den Damm hinunter und fahren an der nächsten Möglichkeit gleich wieder links (auch hier ein Hinweisschild). Wir überqueren einen eingleisigen Bahnübergang und fahren gleich danach unter einer Bahnbrücke hindurch. Rechts geht es nun über eine Holzbrücke entlang der Bahnstrecke auf einem Rad- und Fußweg. Wir erreichen an einem beschrankten Bahnübergang den Luther Weg und biegen hier links ab. An der nächsten Kreuzung (Blumenauer Weg) fahren wir rechts und nach kurzer Zeit kommt auch schon der Bahnhof in Sicht.

Grit Engelbrecht

Informationen:

Ev.-luth. Kirchengemeinde Idensen, Brinkstr. 2, 31515 Wunstorf, Tel. und Fax 0 50 31/25 20. Den Schlüssel für die Sigwardskirche bekommt man im Pfarrhaus, Besichtigung 8.00–18.00, danach den Schlüssel wieder dort abgeben. Führungen nach Anmeldung (Herr Günther, Tel. 0 50 31/1 66 65).

Stadt Wunstorf, Kulturabteilung, Südstr. 1, 31515 Wunstorf, Tel. 0 50 31/10 13 26, stadt@wunstorf.de, www.wunstorf.de

Gasthaus Schatzinsel, Im Busche 2, 31515 Wunstorf, Tel. 0 57 23/98 14 88, Nov–März Mo Ruhetag. Gutbürgerliche Küche, hausgebackener Kuchen, Eis, 1. So im Monat Brunch, in den Sommerferien tägl. ab 10.00 reichhaltiges Frühstück.

Kaffeestube Idensen, Niengraben 2, 31515 Wunstorf, Tel. 0 57 23/98 13 29, Mi–So 14.00–19.00. Tägl. hausgebackene Torten.

Lüerßen's Kaffee-Deele, Schlossstr. 16, 31515 Wunstorf-Bokeloh, Tel. 0 50 31/56 87, Fr–So 14.00–18.00. Selbst gebackene Torten, gepflegtes Teetrinken, schöne Terrasse.

12 Auf den Spuren der Riesenechsen

Tour: Auf dieser Besichtigungstour bestaunen wir auf einem 2 1/2 km langen Lehrpfad über 160 Rekonstruktionen von Dinosauriern und anderen ausgestorbenen Tieren. Hauptattraktion ist das Naturdenkmal »Saurierfährten« mit Trittsiegeln einer kleinen Herde von Echsenbecken-Dinosauriern auf einer Sandsteinfläche.

Dauer: Um alles in Ruhe erkunden zu können, benötigt man wenigstens 3 Std. Bei schönem Wetter hält man sich leicht auch länger im Park auf. Picknick- und Rastmöglichkeiten sind vorhanden.

Familie: Der Park ist ideal auch für kleinere Kinder und bietet für die Jüngsten viele Spielmöglichkeiten. Im Eingangsgebäude stehen für den Rundweg Bollerwagen bereit, die in der Regel heiß begehrt sind. Für ältere Kids (und auch Erwachsene) gibt's zahlreiche Informationen rund um die Dinos und Mitmach-Aktivitäten.

Saison: Von Jan bis Nov.

Anfahrt: *Nur Kfz:* Von Hannover über die A 2 bis Abfahrt Wunstorf-Luthe. Weiter über die B 441 durch Wunstorf Richtung Steinhuder Meer, über Altenhagen, Hagenburg, Bad Rehburg nach Münchehagen. Hier ist der DinoPark ausgeschildert.

Das Freilichtmuseum mit seinem Naturdenkmal »Saurierfährten« liegt am Südwestrand der Rehburger Berge. Die Saurier-Trittsiegel entdeckte man 1976 auf der Sohle eines ehemaligen Steinbruches, der in den 1960er-Jahren stillgelegt worden war. Man baute eine große Glashalle, um die am besten erhaltenen Spuren vor der Verwitterung zu schützen. Anfang der 1990er-Jahre entstand das Freilichtmuseum um das Naturdenkmal herum.

Reise durch die verschiedenen Erdzeitalter

Nachdem wir die Kasse passiert und unsere Kinder von den eindrucksvollen Fossilien des Shops weggelockt haben, nehmen wir den direkten Weg zum Lehrpfad. Den Abenteuerspielplatz mit seinen netten Rastmöglichkeiten heben wir uns für das Ende unseres Rundganges auf.

Zunächst informiert eine große Schautafel über die Entwicklungsgeschichte der Erde und der Wirbeltiere. Wir betreten den Rundweg und landen geradewegs im Devon. In diesem Zeitalter entwickelten sich aus bestimmten Fischen die ersten Vierfüßler, die an Land lebten. Zweierlei Arten von Schrifttafeln erläutern Wissenswertes für Erwachsene und für Kinder. Der Rundweg ist gemäß den Erdzeitaltern in verschiedene Abschnitte unterteilt, in denen die seinerzeit lebenden Wirbeltiere naturgetreu und in voller Größe dargestellt sind.

Weiter geht's mit dem Karbon (der »Steinkohlezeit«), in der die Amphibien die Tierwelt bestimmten.

Nachdem wir auch Perm und Trias durchschritten haben, gelangen wir zum Zeitalter des Jura (206–144 Millionen v. Chr.). Damals lebten Pflanzen fressende Saurier von enormer Größe und Länge, und wir können auf unserem Weg einige dieser Riesen, wie z. B. den Brachiosaurus mit ca. 23 Metern Länge, 13 Metern Höhe und einem geschätzten Gewicht von 80 Tonnen, bestaunen. Daneben fühlen wir uns winzig.

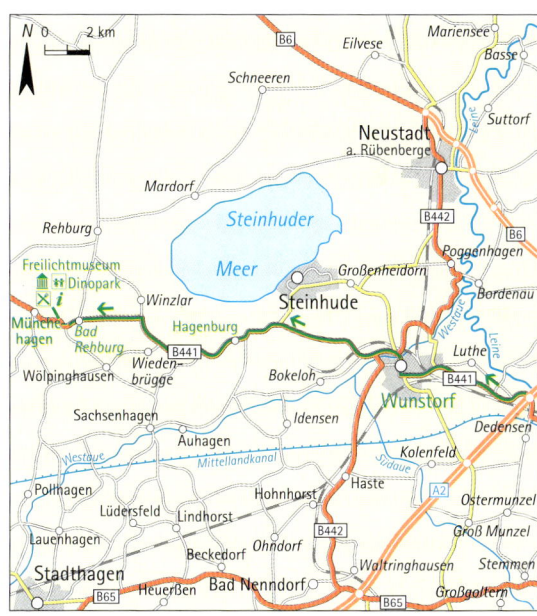

Dino-Modell im Mitmach-
Bereich

Auf Schritt und Tritt

Vor uns liegt nun die leicht geneigte Sandsteinfläche mit Spuren
(Trittsiegeln) einer kleinen Dinosaurierherde. Sie stammen aus
der Kreidezeit. Damals lag der jetzige Ort Münchehagen im Bereich eines Flussdeltas am Rande eines Binnensees, der das heutige Niedersachsen bedeckte. Hier wurde Sand und Ton abgelagert,
in den sich vor ca. 140 Millionen Jahren die Spuren der riesigen
Echsen eindrückten. Durch die geringe Wasserbewegung in dieser geschützten Uferzone, die anschließende Ablagerung von
Sanden und die spätere Verfestigung des Materials blieben die
Trittsiegel erhalten. In der großen Glashalle gibt ein Landschafts-
modell anschaulich die damaligen Verhältnisse wieder.

Gruselige Fleischfresser

Der Weg führt uns weiter durch bewaldetes Gebiet, führt uns zu
Tyrannosaurus und weiteren Raubsauriern. Sie sind schon recht

schaurig und blutrünstig dargestellt. Hoffentlich können die kleinen Besucher abends beruhigt einschlafen.

Nachdem wir durch das Tertiär mit seinen tollpatschigen, flugunfähigen Riesenvögeln gewandert sind, gelangen wir in die Ausstellungshalle.

Alte Knochen werden freigelegt

Hier schaut man den Präparatoren beim Freilegen von Dinosaurierknochen aus Gesteinsbrocken über die Schulter oder interessiert sich für neue Rekonstruktionen von Dinosauriern. Wissenschaftler informieren auch ständig über die neuesten Forschungsergebnisse der Dinosaurier-Grabung im Harz.

Am Ausgang der Halle endet nun der Rundweg. Hier gibt es einen Imbiss und Sitzmöglichkeiten. Unsere Kinder stürmen sofort zu den diversen Mitmach-Aktivitäten (siehe Informationen). Heute wollen sie sich unter Anleitung aus Styropor ihre eigene Dino-Kralle oder einen »Scharfzahn« raspeln. Währenddessen legen wir eine Kaffeepause ein.

Danach geht es auf dem Weg zum Ausgang – wie versprochen – auf den Abenteuerspielplatz. Hier toben die Kinder nochmal ausgiebig, bevor wir die Heimfahrt antreten. Ein toller und spannender Tag!

Grit Engelbrecht

Informationen:

Dinosaurierfreilichtmuseum, Alte Zollstr. 5, 31547 Rehburg-Loccum OT Münchehagen, Tel. 0 50 37/20 75, Fax 0 50 37/57 39, dino-park@t-online.de, www.dinopark.de,
März–Okt tägl. 9.00–19.00, Jan, Feb, Nov 10.00–16.30. Eintritt: Erwachsene und Jugendliche 7,50 €, Kinder (4–12 Jahre) 6 €. Kinder unter 4 Jahren sind frei. Ermäßigung für Gruppen ab 20 Personen (Anmeldung erbeten).
Mitmach-Aktivitäten am Ende des Rundweges: Fossilien-Suche im Sand, Ausgrabung eines Dinosaurier-Skelettes, Dino-Basteln und Dino-Formen aus Ton, Dino-Tastwand, Dinosaurier-Modelle selbst steuern und bewegen, Dino-Puzzle und -Memory, Fossilien

unter dem Mikroskop betrachten, Zähne und Krallen aus Styropor raspeln, Dauerausstellungen: Dinosaurier-Eier und -Babys, Urvogel Archaeopteryx.

In der Heimat von Max und Moritz

Tour: Die Radtour führt vom Bahnhof Stadthagen durch den Schaumburger Wald nach Wiedensahl zum Geburtshaus von Wilhelm Busch, dann weiter durch den Wald, u. a. auf dem Radwanderweg »Fürstenroute«, dem alten Fürstenweg, den schon Graf Wilhelm zu Schaumburg-Lippe im 18. Jh. von Bückeburg ans Steinhuder Meer benutzte. Auf dem Rückweg nach Stadthagen besuchen wir Schloss Baum und das Pyramidengrab.
Länge: 32 km.
Dauer: Für die Rundtour mit Museumsbesuch und Pausen sollte man den ganzen Tag einplanen.
Familie: Das kleine Museum und auch die Einkehrmöglichkeit mit Streichelzoo und Spielplatz sind interessant für Kinder, jedoch sollten die Kinder sattelfest sein für diese nicht gerade kurze Tour. Die allermeisten Wege im Wald sind durchaus geeignet für Fahrradanhänger.
Saison: Ganzjährig.
Varianten: Rückfahrt ohne Abstecher zu Schloss Baum (26 km).
Anfahrt: *ÖPNV:* S 1 oder Regionalexpress von Hannover Hbf. zum Bahnhof Stadthagen. *Kfz:* A 2 bis Abfahrt Bad Nenndorf, dann auf der B 65 nach Stadthagen. In der Stadt den Schildern zum Bahnhof folgen.

Wir starten unsere Radtour am Bahnhof in Stadthagen. Es geht links in die Bahnhofstraße, dann wieder links in die Windmühlenstraße bis zur Herminenstraße. Hier biegen wir links ein, radeln schnell unter Bahngleisen hindurch in die offene Landschaft. Eine Straße kreuzt unseren Weg. Wir überqueren sie und fahren weiter geradeaus, jetzt auf Verbundpflaster. Dort, wo unser Wirtschaftsweg scharf rechts abbiegt, geht es für uns geradeaus auf einen Schotterweg, der sogleich nach links abbiegt. Wir sind jetzt mitten zwischen Äckern. Von rechts kommt eine Straße, wir bleiben jedoch auf unserem Weg, hinein in einen zweispurigen Fahrweg. Dieses Stück Wegstrecke ist etwas beschwerlich, wir werden von spitzen Steinen durchgerüttelt. Bald erreichen wir eine T-Kreuzung und biegen rechts ein in einen asphaltierten Weg. Nach kurzer Zeit gelangen wir an eine Landstraße, hier geht's links ab bis in den Ort Nordsehl. An der Kreuzung fahren wir rechts nach Pollhagen und benutzen den linksseitigen Radweg. In Pollhagen fahren wir links in die Triftstraße. Hier liegt rechter Hand die schöne kleine Sandsteinkirche St. Johannes. Schon bald überqueren wir den Mittellandkanal und sehen hinter der Kanalbrücke bereits den Schaumburger Wald liegen. Um nach Wiedensahl zu kommen, dem Geburts- und Heimatort von Wilhelm Busch, müssen wir den Wald durchfahren. Nachdem wir längere Zeit durch offene Felder und Fluren geradelt sind, verschluckt uns jetzt das Dunkel des Waldes.

An der ersten Kreuzung im Wald folgen wir der Beschilderung und fahren geradeaus Richtung Wiedensahl. Der Weg ist an einigen Stellen etwas holprig und matschig, manchmal nur eine doppelte Fahrspur. Rechts führt uns bald im spitzen Winkel ein ausgeschilderter Weg (Wilhelm-Busch-Wegweiser) weiter durch den Wald. Wir erreichen die Landstraße nach Wiedensahl in ei-

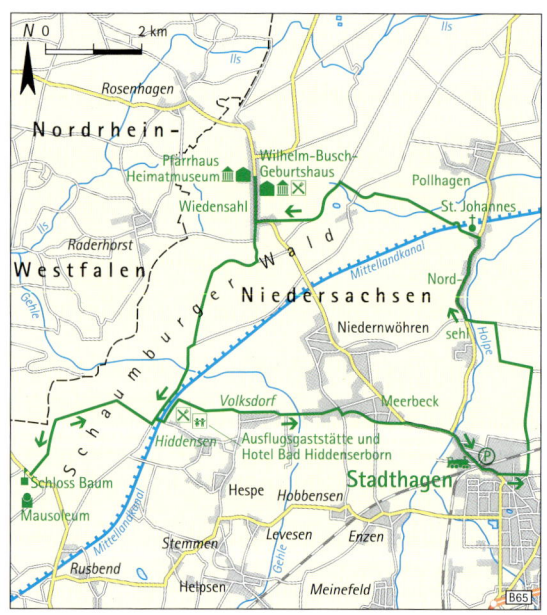

ner Linkskurve, fahren rechts und an der Hauptstraße gleich wieder rechts. Das Museum und Geburtshaus von Wilhelm Busch ist jetzt ausgeschildert, und wir erreichen es nach einigen hundert Metern auf der rechten Straßenseite. Bis hierher haben wir auf unseren Rädern eine gute Stunde gebraucht.

Zeichnungen und Malereien eines großen Künstlers

Wir stellen unsere Räder vor dem kleinen Fachwerkhäuschen ab und sind gespannt, was uns drinnen erwartet ...

Wilhelm Busch hat etwa die Hälfte seines Lebens in Wiedensahl verbracht. Nach längeren Aufenthalten in anderen Städten, u. a. in München und Frankfurt, kam er immer wieder gern an seinen Geburtsort zurück. Hier entstanden bekannte Bildergeschichten, Ölbilder und Zeichnungen. Das Museum zeigt viele seiner Werke und auch einige erhaltene Gebrauchsgegenstände des Künstlers können besichtigt werden.

Wer jetzt Lust auf eine kleine Kaffeepause hat, der kann gleich nebenan den *Busch-Keller*, ein gemütliches Café im historischen Ziegelkeller, besuchen.

Wir setzen unseren Weg fort auf der Hauptstraße und suchen das 400 Jahre alte Pfarrhaus, in dem Wilhelm Busch von 1872 bis 1878 wohnte und viele bedeutende Werke schuf. Heute ist im Obergeschoss, das er einst bewohnte, ein Heimatmuseum untergebracht. Das alte restaurierte Haus, eines der letzten noch erhaltenen Pfarrbauernhäuser, steht auf der linken Straßenseite.

Weiter geht's auf historischem Pfad

Nach unserem geschichtsträchtigen Besuch fahren wir die Hauptstraße wieder zurück. In einer Rechtskurve geht es geradeaus in die Schützenstraße (Achtung beim Überqueren: Die Kurve ist schlecht einsehbar!). Hier führt bald ein schmaler Pfad in den Wald hinein. An der nächsten Wegekreuzung fahren wir rechts und befinden uns jetzt auf einem breiteren Weg. Nun geht's ein ziemliches Stück geradeaus. An einem Wege-T halten wir uns rechts und dann geradeaus, dem Schild »Fürstenroute« folgend. Jetzt radeln wir parallel zum Mittellandkanal. An der nächsten Kreuzung fahren wir nun entweder rechts weiter auf der Fürstenroute, um einen Blick auf Schloss Baum zu werfen, oder wir treten den Rückweg über die Kanalbrücke nach Hiddenserborn an. (Für Kurztour siehe »Wohlverdiente Pause mit allerlei Getier«).

91

400 Jahre altes Pfarrbauernhaus, in dem Wilhelm Busch wohnte und arbeitete

Wir folgen der Fürstenroute und gelangen nach längerer Fahrt durch den Wald an eine Landstraße. Direkt gegenüber liegt Schloss Baum. Ende des 17. Jahrhunderts als Lustschloss erbaut, diente es Graf Wilhelm zu Schaumburg-Lippe und seiner Familie als privater Rückzugsort. Das Gebäude wird heute als Freizeit- und Tagungsstätte des evangelischen Jugendwerks Schaumburg-Lippe genutzt, liegt auf einem Privatgelände und kann nur nach telefonischer Absprache mit dem Jugendwerk besichtigt werden. Auf das Gelände kommt man jedoch ohne Erlaubnis. In ca. 10 Minuten gelangt man von hier zu Fuß zum Mausoleum des Grafen Wilhelm, einer von großen Bäumen umstandenen, aus Obernkirchener Sandstein erbauten Pyramide.

Nach unserem kurzen Abstecher fahren wir auf dem gleichen Weg durch den Wald wieder zur Kanalbrücke zurück.

Pause mit allerlei Getier

Die schmale Brücke führt uns über den Mittellandkanal. Wir biegen in den ersten Weg links ein, bis wir zum Ausflugslokal *Bad Hiddenserborn* kommen. Hier gibt's einen tollen Biergarten, einen gepflegten Spielplatz und daneben einen Streichelzoo.

Nach einer ausgiebigen Stärkung verlassen wir das Gelände, folgen der Asphaltstraße nach rechts und fahren durch Felder und Wiesen Richtung Meerbeck. Im Ort folgen wir nun den Straßenschildern nach Stadthagen und erreichen, immer auf straßenbegleitenden Radwegen, wieder den Bahnhof von Stadthagen.

Grit Engelbrecht

Informationen:

Landkreis Schaumburg, Touristikinformation, Jahnstr. 20, 31655 Stadthagen, Tel. 0 57 21/70 33 67, Fax 0 57 21/ 70 35 98, tourismus.80@landkreis-schaumburg.de, www.schaumburg.de

Schaumburger Landschaft e. V., Schlossplatz 5, 31675 Bückeburg, Tel. 0 57 22/9 56 60, Fax 0 57 22/95 66 18, info@schaumburgerlandschaft.de, www.schaumburgerlandschaft.de

Wilhelm-Busch-Geburtshaus, Hauptstr. 68a, 31719 Wiedensahl, Tel. 0 57 26/3 88, wilhelm-busch-geburtshaus@t-online.de, Apr–Sept tägl. außer Mo 10.00–12.00 und 14.00–17.00, Okt–März 10.00–12.00 und 14.00–16.00, Eintritt: Erwachsene 1 €, Kinder 0,50 €, Gruppen ab 10 Personen 0,70 €.

Heimatmuseum im Alten Pfarrhaus, Hauptstr., 31719 Wiedensahl, Tel. 57 26/4 49. Mitte März–Okt Sa–So 14.00–18.00, Gruppen außerdem nach Vereinbarung.

Evangelisches Jugendwerk Schaumburg-Lippe (Besichtigung Jagdschloss Baum), Tel. 0 57 02/7 91.

Busch-Keller, Hauptstr. 68, 31719 Wiedensahl, Tel. 0 57 26/4 88, So 14.30–18.00, Mo–Sa Gruppen ab 20 Pers. nach Vereinbarung.

Hotel und Restaurant Bad Hiddenserborn, Bornstr. 19, 31715 Meerbeck, Tel. 0 57 21/48 88, Fax 0 57 21/7 50 98, tägl. geöffnet.

Karte:

Radwanderkarte Niedersachsen, Blatt 22 Schaumburg, Landesvermessung und Geobasisinformation Niedersachsen (LGN), 1:75 000.

14 In Bückeburg zeigen die Engel Bein

Tour: Geführter Rundgang durch Teile des Bückeburger Fürstenschlosses. Wir sehen Räume in ihrem historischen Gepränge, Möbel und Kunstgegenstände. Spaziergang durch den Schlosspark. Besichtigung des 1916 fertig gestellten Mausoleums der fürstlichen Familie. Durch die Fußgängerzone erreichen wir anschließend die von Manierismus und Weserrenaissance geprägte 400 Jahre alte Stadtkirche Bückeburgs. Beim Anblick ihres üppigen Fassadendekors glaubt man sich jenseits der Alpen.

Dauer: 5 Std. vergehen wie im Flug. Wer ausgiebig essen und trinken möchte, braucht mehr Zeit.

Familie: Schöner Familienausflug. Zwischen all der Historie können sich Kinder im Schlosspark austoben.

Saison: Das Schloss steht Besuchern täglich ganzjährig offen, das Mausoleum nur im Sommerhalbjahr.

Varianten: Wer interessiert ist, kann einen »epochalen« Sprung ins Hubschraubermuseum machen. Das weltweit einzigartige Haus zeigt auf ca. 2500 Quadratmetern anhand von mehr als 40 Originalhubschraubern die Entwicklung der Drehflügler. Der Rundgang beginnt in einer Sammlung von Modellen, Zeichnungen und Fotos aller jemals konstruierten, rotorgetriebenen Fluggeräte, darunter auch skurrile Vehikel, die niemals geflogen sind.

Anfahrt: *ÖPNV*: Mit S 1 oder Regionalexpress aus Richtung Minden oder Hannover. Ab Bahnhof Bückeburg dann zu Fuß 10 Min. zum Schloss. *Kfz*: A 2, Abfahrt Bad Eilsen, weiter auf der B 83 nach Bückeburg. Das Schloss im Zentrum ist ausgeschildert.

Die kleine Residenzstadt Bückeburg, seit 400 Jahren Sitz der Fürsten zu Schaumburg-Lippe, hält manche Überraschung für den Besucher bereit. Die Fürstenfamilie lebt bis auf den heutigen Tag im Schloss. Ab und an gibt sich seine Durchlaucht die Ehre: Dann wird mit mehreren hundert Gästen gefeiert. In einem 420 Quadratmeter messenden Raum, dem größten deutschen Festsaal in Fürstenhand. Eine zweidimensionale Contra-Post-Malerei ziert die 9 Meter hohe Decke dieses Rokoko-Saals, deren perspektivisches Geheimnis bis heute nicht gelüftet ist. Im Schlosspark steht Europas größtes Mausoleum, das der Fürstenfamilie noch heute als Gruft dient. Weniger mächtig, dafür aber umso verspielter in Fassade und Innendekor, ist Bückeburgs Stadtkirche. Wie ein Schmuckkästchen mit Kleinodien der Weserrenaissance und des italienischen Manierismus steht sie mitten in der Stadt. Für lutherisch-norddeutsche Verhältnisse ein verschwenderisches Spiel mit Formen und Farben, sowohl in der Stadtkirche als auch in der Schlosskapelle. Machen wir also dem Fürstenhaus unsere Aufwartung und starten zu einem Spaziergang durch Schlossanlage und Innenstadt.

Vom Bahnhofsvorplatz gehen wir schnurstracks durch die Bahnhofstraße zum Schlossgelände. »Schloss Bückeburg ist noch in Privatbesitz und gehört Fürst Philipp Ernst zu Schaumburg-Lippe, der hier mit seiner Familie wohnt«, begrüßt uns die Schlossführerin, und man merkt gleich: Bückeburgs Bürger mögen ihre Fürsten, und dazu haben sie allen Grund. Im Jahr

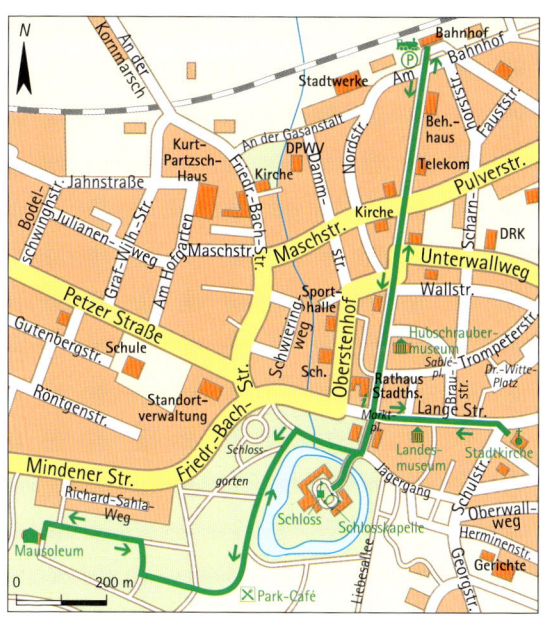

1601 erhob Fürst Ernst die Stadt zu seiner Residenz, erweiterte den Schlossbezirk, baute Schloss und Stadt prunkvoll aus und ließ Stadtkirche und Schlosstor errichten. Der gebildete Renaissancefürst Ernst war Kunstmäzen und holte den Glanz europäischer Kunstschaffender in seinen Kleinstaat. Er berief einige der namhaftesten Künstler seiner Zeit aus den Niederlanden, Italien und Deutschland an den Hof.

Glück für einen Tag

Fürst Ernsts Lieblingsprojekt mag die Schlosskapelle gewesen sein, vor deren Mauer wir jetzt im Hof des Schlosses stehen. Ein Beispiel für die Bildhauerkunst ist der heilige Christopherus über der Kapellentür, der beim Eintritt milde auf uns herabschaut. »Wer ihm tief in die Augen blickt, hat den ganzen Tag Glück«, verspricht die Schlossführerin, »aber das gilt nur für heute, man kann nichts auf Vorrat mitnehmen.« Drinnen im kleinen Gotteshaus sind alle Decken- und Wandflächen mit Freskenmalerei und mit Blattgold belegten Holzschnitzereien ausgeschmückt. Fürst Ernst hatte sich auf Italienreisen von der Esoterik und dem Genuss des Manierismus inspirieren lassen. Die vielen Engel halten sich geziert, ihre Gewänder sind gerafft und alle zeigen Bein. Nur durch Bienenwachs geschützt, hat sich ein großer Teil der Fresken im Original erhalten. Unter dem Fußboden der Kapelle, genauer unter den Marmorfliesen mit den Kreuzen, sind in Silberkapseln die Herzen früherer Herrscherfamilien bestattet – als Zeichen der Verbundenheit mit dem Schloss und der Stadt Bückeburg.

Das Geheimnis der Deckenmalerei

Der Große Festsaal im Schloss ist wesentlich jünger als die Kapelle, er wurde erst Ende des 19. Jahrhunderts gebaut. Hier finden heute öffentliche Konzerte statt, und die Fürstenfamilie nutzt ihn für Feste. Das große Geheimnis des Saales ist die perspektivische Malerei an der Decke. Die Pferde des vierspännigen Helioswagens im Zentrum des Gemäldes scheinen den Betrachter immer aus verängstigten Augen anzusehen, egal wo man steht. Und eine Gruppe von Putten scheint sich mit dem Betrachter zu bewegen, ihre Position zu verändern. Und das, obwohl es keine Gewölbemalerei ist; die Decke ist waagerecht. Das Bückeburger Schloss steht naturgetreu nachgebildet in einem Vergnügungspark in Japan. Man hat sich auch an der Deckenmalerei versucht, die perspektivische Bewegung hat man jedoch nicht imitieren können. Wie schön, dass es noch Geheimnisse gibt!

Vorbei an 300 Jahre alten Gemälden aus Italien und ebenso alten Gobelins aus Flandern gelangen wir durch die Prunkpforte in den Goldenen Saal und von dort wieder auf den Vorplatz des Schlosses.

Ein Mausoleum mit gewaltigen Ausmaßen

Wir spazieren in weitem Bogen entlang dem breiten Wassergraben um das Schloss herum und genießen das Spiel aus Sonne und Schatten unter den alten Bäumen des Schlossgartens. Schilder weisen uns den Weg zum Mausoleum. Wir kommen am romantisch gelegenen Park-Café vorbei. Drinnen ein bisschen englischer Pub, draußen Kaffeeterrasse und Biergarten. Trotz der kulinarischen Versuchung lockt uns zuerst die monumentale Begräbnisstätte derer von Schaumburg-Lippe. Der letzte regierende Fürst Adolf ließ das Mausoleum zwischen 1911 und 1916 für eine Million Goldmark errichten. Mächtig erhebt sich die kupferne Kuppel über das Grün des Parks bis in 43 Meter Höhe. Im Inneren der Halle beeindrucken die 500 Quadratmeter messende Goldmosaikfläche des Hallendaches und der goldene, umlaufende Engelsfries. Klassische Musik schwebt leise durch die Halle und macht andächtig.

Das prächtige Schloss Bückeburg entstand aus einer Wasserburg.

Wir gehen zurück durch den Schlosspark Richtung Ausgang. Ein richtig schöner Sonntagsspaziergang, Parkbänke mit Blick über den Wassergraben auf das Schloss laden zum Verweilen ein. Wir aber wollen jetzt die Stadtkirche kennen lernen, die – mehr noch als die kleine Schlosskapelle – Ausdruck der Religiosität des alten Fürsten Ernst ist. Nach 3 Stunden, die wie im Flug vergangen sind, verlassen wir das Schlossgelände wieder durch das prächtige Tor und wenden uns nach rechts. Wir gelangen in die Fußgängerzone (Lange Straße) des modernen Bückeburg und sehen schon von weitem die manieristisch verspielte Fassade der Stadtkirche. Nach einem Feuer war der Ort schon jahrzehntelang ohne eigene Kirche, als Fürst Ernst 1606 seine Residenz von Stadthagen nach Bückeburg verlegte. Der Regent gab der Stadt wieder ein eigenes Gotteshaus, was sich im Schriftband an der Fassade dokumentiert: EXEMPLUM RELIGIONIS NON STRUCTURAE (Ein Beispiel der Frömmigkeit, nicht der Baukunst). Glauben allein war freilich nicht das einzige Motiv des Fürsten zum Kirchenbau. Die vergoldeten Anfangsbuchstaben des lateinischen Satzes ergeben den Namen ERNST – auch der Manierismus kannte den Selbstgenuss als geistiges Motiv.

Keine Spur protestantischer Strenge

In der Stadtkirche erkennen wir an vielen Stellen die Handschrift der Künstler wieder, die auch die Schlosskapelle gestalten durften. Das gilt besonders für die aus Lindenholz geschnitzten und mit Blattgold belegten Hochreliefs der Kanzel, eine der schönsten in Norddeutschland. Die Hände der Putten sind wieder in Balletthaltung, freilich wirken sie noch fleischlicher, sie tragen Rouge auf den Wangen. Das ganze Kirchenschiff durchzieht ein reiches Spiel mit Farben und Formen, selbst die Sitzbänke sind in Rot gehalten, keine Spur von protestantischer Strenge.

Wir treten durchs Kirchenportal hinaus in den helllichten Tag und schlendern über die Lange Straße geradeaus, bis wir auf Höhe des Schlosstores und damit am Beginn der Bahnhofstraße stehen. Nur wenige Gehminuten trennen uns noch von der S-Bahn, die uns schnell entfernen wird vom fürstlichen Gepränge der kleinen Residenzstadt.

Thomas Engelbrecht

Informationen:

Tourist-Information, Marktplatz 4, 31675 Bückeburg,
Tel. 0 57 22/20 61 81, Fax 0 57 22/20 62 10,
tourist-info@bueckeburg.de, www.bueckeburg.de

Schloss Bückeburg, Fürstliche Hofkammer, Schlossplatz 1,
31675 Bückeburg, Tel. 0 57 22/50 39,
info@schloss-bueckeburg.de,
www.schloss-bueckeburg.de, tägl. 9.30–18.00 (Okt–März
bis 17.00). Führungen ca. 45 Min. Im Sommer sind
Anmeldungen nur für Gruppen erforderlich. Eintritt:
Erwachsene 4,50 €, Kinder 1,80 €.

Mausoleum, Apr–Okt tägl. 11.00–17.00, Nov–März nur
nach Vereinbarung mit der Fürstlichen Hofkammer.
Eintritt: Erwachsene 2,50 €, Kinder 1,50 €.

Stadtkirche, Kirchweg 1, 31675 Bückeburg, Tel. 0 57 22/
95 77 14, Di–Fr 10.30–12.00 und 15.00–17.00, So–
Mo 15.00–17.00, 15. Okt–15. Apr Mi und So 14.30–
16.30 sowie nach Vereinbarung. Eintritt frei.

Hubschraubermuseum, Sabléplatz 6, 31675 Bückeburg,
Tel. 0 57 22/55 33, Fax 0 57 22/7 15 39,
www.hubschraubermuseum.de, tägl. 9.00–17.00. Eintritt: Erwachsene 4 €, Kinder (bis 16 Jahre) 2 €. Das Museum ist nur wenige Schritte vom Schlosstor entfernt.

Landesmuseum, Lange Str. 22, 31675 Bückeburg,
Tel. 0 57 22/48 68,
www.schaumburg-lippischer-heimatverein.de, März–
Okt tägl. außer Mo 11.00–16.30. Eintritt: Erwachsene
1,50 €, Kinder 0,75 €. Das Museum zeigt schwerpunkt-
mäßig die vielfältigen Trachten der Region sowie das
mit ihrer Herstellung befasste Handwerk: Schuhmacher, Blaudrucker, Näherin und Stickerin. Erinnert wird
auch an die »Bückeburger Jäger« sowie dem Fürsten-
hof verbundene Künstler und Gelehrte. Faszinierend
ist auch die Sammlung von Vermessungsgeräten.

Park-Café im Schlossgarten (Restaurant, Biergarten),
Schlossplatz 11, 31675 Bückeburg, Tel. 0 57 22/35 28,
Apr–Okt tägl. ab 11.00, Nov–März Sa, So ab 14.00.

Buchtipp:

Hartmut Platte: Schaumburg-Lippe. Geschichte eines
Fürstenhauses, Werl 2001.

15 Versuch's mal mit Gemütlichkeit

Tour: Kanalkreuzfahrt mit der Mindener Fahrgastschifffahrt. Wir besichtigen das größte Wasserstraßenkreuz der Welt, überqueren auf dem Mittellandkanal die Weser, fahren in die Mindener Hafenanlagen und erleben in der historischen Schachtschleuse, wie tief man sinken muss, um die Weser zu erreichen. Abfahrt und Ankunft der Schiffe an der historischen Mindener Schachtschleuse.

Dauer: Je nach Rundfahrt ist man zwischen 50 Min. und 3 Std. an Bord.

Familie: Sehr erholsam. Nebenbei lernt man etwas über Wasserbau und Binnenschifffahrt. Kinder können sich auf den großen Schiffen auf und unter Deck bewegen.

Saison: Die Schiffe verkehren von März bis Okt.

Varianten: Variante 1: Wer mit dem Auto anreist, kann nach der Schiffstour noch auf den Wittekindsberg fahren. Hier, an der Porta Westfalica, wo die Weser die nördliche Kette des Wesergebirges durchbricht, steht seit 1896 das Kaiser-Wilhelm-Denkmal. Von dort oben genießen wir die herrliche Fernsicht nach Westfalen und in die niedersächsische Tiefebene. In Minden ist der Weg zur Porta Westfalica ausgeschildert.

Variante 2: Auf dem Rückweg zur A 2 auf der B 83 erreichen wir über die Abfahrt Bückeburg-Mitte das Besucherbergwerk Kleinenbremen, ein Museum für Erzbergbau und Erdgeschichte. Mit einem Dieseltriebwagen von 1937 fahren Besucher 90 Min. lang in den Berg ein.

Anfahrt: *ÖPNV:* S 1 ab Hannover nach Minden. Vom Bahnhofsvorplatz führt ein beschilderter Fußweg in 35 Min. zur Schachtschleuse. *Kfz:* A2 bis Abfahrt Minden/Rinteln (Ausfahrt 35, Bad Eilsen West). Dann weiter Richtung Minden. In der Stadt ist die Schachtschleuse ausgeschildert. Parkplätze direkt am Schleusengelände.

Noch bleibt uns die »Helena« verschlossen. Wir warten zusammen mit einer kleinen Gruppe von Fahrgästen vor der Pforte zur kleinen Schiffsbrücke. Leuchtend weiß liegt das Fahrgastschiff vor uns. Fast 41 Meter Eleganz, vertäut im oberen Vorhafen am Eingang zur historischen Schachtschleuse Minden. An Bord laufen im Salon emsige Vorbereitungen. Immerhin liegen eine 90-minütige Kreuzfahrt über Mittellandkanal und Weser und ein Höhenunterschied von 13 Metern vor uns, da will mancher Gast bewirtet sein. Unten, am Fuß des Hafendamms, spielt eine Country- und Westernband Livemusik in der Gaststätte *Zur Schachtschleuse.* Davor wagen einige Fans der Gruppe in Westernkleidung ein paar Tanzschritte. Hier oben am Hafenbecken ziehen viele Ausflügler an uns vorbei. Sie wollen die Brücke, die den Mittellandkanal über die Weser führt, zu Fuß oder mit dem Rad überqueren. Wir haben die Mindener Fahrgastschifffahrt für diesen Weg gewählt, und jetzt gibt Kapitän Christian Voit seine »Helena« für die Gäste frei. Wir eilen durch den Innenraum hinauf aufs Oberdeck, denn an diesem herrlichen Tag wollen wir einen Platz an der Sonne, den wir am Bug des Schiffes auch tatsächlich ergattern.

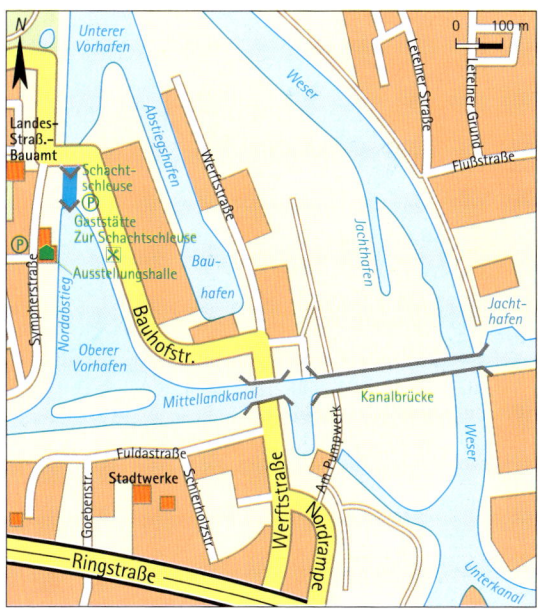

Alle Hektik geht über Bord

Als wir ablegen, sind die zwei Motoren nicht zu hören. Kein Geräusch, keine Vibration. Das große Schiff dreht sich im Hafenbecken um 180 Grad und nimmt Kurs auf den Mittellandkanal. Unser lautloses Gleiten auf spiegelglattem Wasser hat etwas Beruhigendes. Unwillkürlich kommt mir die Werbung eines friesischen Bieres in den Sinn: »Keine Staus, keine Hektik«.

Sachte schiebt uns die »Helena« in den Mittellandkanal hinein, vor uns liegt die über die Weser führende Kanalbrücke. Eigentlich sind es zwei Brücken. Weil die Binnenschiffe immer größer wurden, musste man Ende der 1990er-Jahre eine neue, breitere Brücke parallel zur alten bauen. Heute sind beide in Betrieb. Über 400 Meter schwebt die »Helena« mit uns über das 13 Meter tiefer liegende Wesertal. Die Freizeitskipper auf dem Fluss scheinen in Nussschalen unterwegs zu sein.

Warum Kanalwasser nicht abfließen kann

Wir befinden uns an einem bemerkenswerten Knotenpunkt im 7 400 Kilometer langen Wasserstraßennetz Deutschlands. Die Brücke über die Weser, die Verbindungswege zwischen beiden Gewässern und die drei Schleusen zur Überwindung des Höhenunterschieds bilden das größte Wasserstraßenkreuz der Welt. Nun ist die Binnenschifffahrt keine Erfindung unserer Tage. Brücke und Schachtschleuse wurden schon 1914 in Betrieb genommen. Unsere Urgroßväter brachten das Kunststück fertig, zwischen Münster und Hannover auf einer Strecke von 211 Kilometern einen Kanal durch die norddeutsche Tiefebene zu ziehen, dessen Wasserspiegel exakt 50,30 Meter über Meereshöhe gehalten wird. Damit das auch nach dem Wesertal so bleibt, wird das künstliche Gewässer in Minden auf einem 10 Meter hohen Damm geführt, in den die Kanalbrücke eingebunden ist.

Auf der anderen Seite der Brücke wendet Kapitän Voit sein Schiff. Durch die »alte Fahrt« von 1914 sind wir gekommen, durch die »neue Fahrt« von 1998 fahren wir zurück Richtung Schachtschleuse. Kapitän Voit berichtet uns, dass die Brücke nach der Erweiterung den ständig wachsenden Anforderungen der Binnenschifffahrt gerecht wird. Auf dem Mittellandkanal fahren Schiffe von 110 Metern Länge. In ihren stählernen Bäuchen transportieren sie Frachten bis 2 100 Tonnen, das entspricht 105 großen Lkws.

Gemächliche Flussfahrt auf der Weser Richtung Porta Westfalica

Der Bau künstlicher Wasserstraßen ist Millimeterarbeit. Kapitän Voit und seine »Helena« zeigen uns, dass das auch für die Binnenschifffahrt gilt. Unser Schiffsführer thront in seinem Ruderhaus, als Fahrgast müsste man einige Stufen zu ihm hinaufsteigen. Doch als wir uns der ersten Straßenüberführung nähern, wird die Hierarchie plötzlich egalisiert: Das komplette Ruderhaus senkt sich mit leisem Sirren auf Decksniveau ab, gleichzeitig wird der Fahnenmast davor automatisch eingeknickt – die Kinder sind fasziniert! Mit dem hohen Aufbau würde das Schiff nicht unter der Straßenbrücke hindurchpassen.

13 Meter trennen uns noch von der Weser

Kaum hat Kapitän Voit seinen Thron wieder auf normale Höhe gekurbelt, laufen wir schon ein in den oberen Vorhafen, der sich zur Einfahrt in die historische Schachtschleuse verjüngt. Bunter Sandstein und zwei so genannte Ventiltürme geben dem historischen Bauwerk sein charakteristisches Aussehen. Das stählerne Klapptor gibt den Weg frei in die Kammer der Schleuse, und wieder erleben wir, dass es in der Binnenschifffahrt ohne Hast und manchmal nur zentimeterweise vorangeht. Schließlich will kein Kapitän sein Schiff gegen die Betonwand des nur 10 Meter breiten Schachtes setzen. Als das Tor wieder geschlossen ist, schwimmt die »Helena« auf 11 Millionen Litern Wasser. 13 Höhenmeter oder

7 Millionen Liter Wasser trennen uns jetzt noch vom Niveau der Weser. Mächtige Pumpen haben begonnen, diese 7000 Kubikmeter Wasser in Sparbecken links und rechts des Schleusenschachtes zu befördern. Auch das geschieht wieder mit der uns schon bekannten Gemächlichkeit. Wir sinken 3 Zentimeter pro Sekunde, der ganze Abstieg dauert etwa sieben Minuten. Unten angekommen öffnet ein Hubtor den Weg und gibt den Blick frei in den Unteren Vorhafen, unser schönes Schiff schwimmt jetzt noch auf 4 Millionen Litern Wasser.

Hinaus geht es Richtung Norden auf die Weser. Wären wir auf dem Mittellandkanal weiter Richtung Westen geschippert, hätten wir in zwei bis drei Tagen den Rhein erreicht. 12 Stundenkilometer dürfen Güterschiffe auf dem Mittellandkanal fahren. Wie gesagt, die Binnenschifffahrt erzieht zu Ruhe und Gemächlichkeit.

Thomas Engelbrecht

Informationen:

Infozentrum des Wasser- und Schifffahrtsamtes Minden auf dem Schleusengelände, Sympherstr. 13, 32425 Minden, Tel. 05 71/6 45 80, Fax 05 71/64 58 12 00, Apr–Okt tägl. 9.00–17.00, So, Fei bis 18.00. Eintritt: Erwachsene 1,30 €, Kinder 0,80 €. Ausstellung, Videos und Terminals zur Geschichte und Technik des Kanalbaus und zur volkswirtschaftlichen und ökologischen Bedeutung der Binnenschifffahrt. Ausführliche Informationen über die Bedeutung und Infrastruktur der Binnenschifffahrt sowie über das Wasserstraßenkreuz Minden unter www.wsa-minden.de

Schifffahrts- und Schleusenplan: 50-minütige Kanalkreuzfahrt 1. Apr–31. Okt So und Fei 9.00, 11.00, 13.00, 14.15, 15.15, 16.15, 17.15. Achtung: Nur wer das Schiff um 9.00 nimmt, erlebt die Schleusung, denn der öffentlich bedienstete Schleusenwärter macht früh Feierabend. Fahrpreis: Erwachsene 5 €, Kinder 3 €. 90-minütige Weserkreuzfahrt mit Schleusung So 10.15. Fahrpreis: Erwachsene 7 €, Kinder 4 €. 3-stündige Kreuzfahrt zur Porta Westfalica mit Schleusung 15. Apr–15. Okt So und Fei 9.00. Fahrpreis: Erwachsene 9,50 €, Kinder 6 €. Alle drei Rundtouren werden

auch Mo–Sa angeboten, allerdings gelten andere Ab-
fahrtszeiten. Leider ist der Fahrplan sehr unübersicht-
lich, besonders weil der Schleusenwärter So und Fei
nur sehr eingeschränkt und an manchen hohen Feiertagen überhaupt keinen Dienst macht. Infos über
Abfahrts- und Schleusenzeiten bei der Mindener Fahrgastschiffahrt GmbH, Tel. 05 71/6 48 08 00,
www.mifa.com

Auf jedem Dampfer gibt es ein Restaurant mit warmen
Snacks, Kaffee, Kuchen, Eis und Erfrischungsgetränk-
ken.

Besucherbergwerk Kleinenbremen, Karlstraße 48, 32423
Minden, Tel. 05 71/9 34 44 38, Fax 05 71/9 34 44 44,
www.bergwerk-kleinenbremen.de, Ostersonntag–Ende
Okt Sa, So, Fei 10.00–16.00. Eintritt: Erwachsene
7,20 €, Kinder 3,60 €.

16 Mit lautem Rattern nach Rinteln

Tour: Sonntäglicher Ausflug mit der historischen Dampf-eisenbahn von Stadthagen nach Rinteln und zurück. Der Aufenthalt im Weserstädtchen reicht für eine Stadtbesichtigung oder eine Schifffahrt auf der Weser. Wir haben uns für Stadtarchitektur entschieden.

Dauer: Die Zugfahrt dauert 50 Min. Vor der Rückfahrt bleiben knapp 2 Std. für die Stadtbesichtigung.

Familie: Nicht nur für Eisenbahn-Freaks interessant, Kinder haben ihren Spaß beim gemächlichen Zuckeln in den nostalgischen Waggons.

Saison: Feste Termine von März–Okt, in der Regel einmal monatlich an Sonn- oder Feiertagen. Im Dez gibt es spezielle Nikolausfahrten, für die man Karten vorbestellen sollte. Die genauen Termine sind im Internet (siehe Informationen) zu finden.

Varianten: In Rinteln kann man in der Zeit bis zur Rückfahrt eine Rundfahrt mit dem Weserschiff »Brisaggo« machen. Der Transfer vom Bahnhof zum Schiff und rechtzeitig zurück ist bequem per Bus geregelt. Ein Kombi-Ticket kann direkt in der Eisenbahn gelöst werden.

Anfahrt: *ÖPNV*: S 1 von Hannover Hbf nach Stadthagen. *Kfz*: A 2 in Richtung Dortmund bis Abfahrt Bad Nenndorf fahren. Dann weiter auf der B 65 nach Stadthagen. In Stadthagen dem Wegweiser Bahnhof folgen. 500 m vom Bahnhof entfernt liegt der Güterbahnhof Stadthagen West.

So ändern sich die Zeiten: Das kleine Weserstädtchen Rinteln war einst Universitätsstadt und Regierungssitz. Der Ort gehörte ursprünglich zur alten Grafschaft Schaumburg. Graf Ernst zu Schaumburg-Lippe gründete hier 1622 eine Universität. 1648 wurde die alte Grafschaft zwischen Lippe und Hessen aufgeteilt, und Rinteln stieg zum hessischen Verwaltungssitz auf. Die interessantesten Spuren aber hinterließ der Wohlstand der Rintelner Bürger und Handwerker. Um 1500 zählte Rinteln etwa 2000 Einwohner, und die verkehrsgünstige Lage am Fluss förderte das Wirtschaftsleben. Viele Handwerkszünfte fanden in Rinteln ihr Auskommen. Der Wohlstand der Stadt zeigte sich bereits im 16. Jahrhundert in den aufwendigen Fachwerk- und Sandsteinbauten der Weserrenaissance.

Uriger Haltepunkt

Wir reisen mit der S-Bahn an und haben unsere Räder dabei. In Stadthagen angekommen, überqueren wir die Bahnhofstraße und fahren in die Straße Am Bahnhof hinein. Es geht an einem Parkhaus vorbei. In der nächsten Linkskurve sehen wir eine kleine Pforte im Zaun: Dies ist tatsächlich unser Eingang zum »Bahnhof« der Museumseisenbahn. Nur eine Gruppe von Leuten deutet am grasumsäumten Gleisbett auf einen Haltepunkt hin. Kurze Zeit später rollt schnaufend und dampfend unser Gefährt für heute ein. Ein netter Schaffner hievt unsere Räder in einen alten Holzwaggon am Ende des Zuges. (Fahrrad-Transport ist gratis.)

Beim Durchwandeln der verschiedenen Abteile entscheiden wir uns für den Büfett-Waggon. Dunkelbraunes, lackiertes Holz, braun marmorierte Teppiche und Polster, alles wirkt nostalgisch

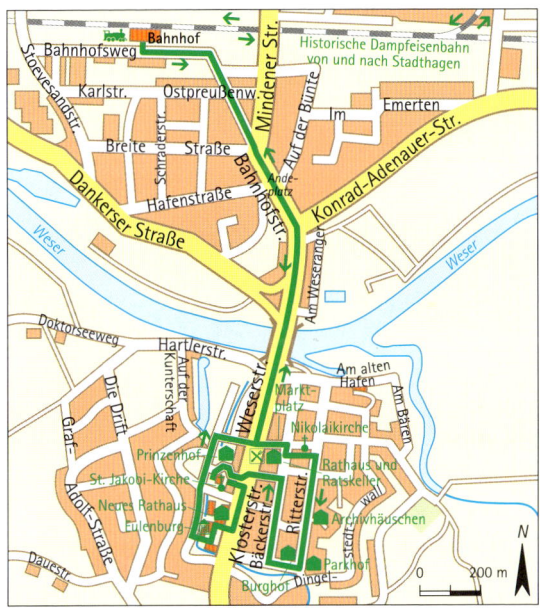

plüschig. Los geht's, gemächlich rattern die Räder, die Lok lässt ständig ihr Pfeifen hören. Links und rechts der ca. 20 Kilometer langen Strecke bleiben die Menschen stehen, winken und schauen, wie unsere »Emma« vorbeidampft. Es ist ein heißer Tag, wir haben die Fenster geöffnet. Der graue Rauch der Lok zieht vorbei, es riecht nach Kohlenfeuer, und man fühlt sich in eine andere Zeit versetzt.

Hobbyschaffner aus Leidenschaft

Ein freundlicher Schaffner kommt und verkauft die Billetts. Er weist uns darauf hin, dass wir mit einer Kombi-Rückfahrkarte eine Weserrundfahrt ab Rinteln buchen können. Der Transfer zum Schiff und rechtzeitig zurück zum Zug wird per Bus organisiert. Wir haben uns aber für eine Besichtigung der schönen Rintelner Altstadt entschieden und kaufen eine einfache Fahrkarte. Dem Freizeit-Schaffner macht es sichtlich Spaß, die Billetts mit der alten Zange zu lochen. (Übrigens besteht das gesamte Zugpersonal aus ehrenamtlich tätigen Hobby-Eisenbahnern der unterschiedlichsten Berufe.) Er erzählt uns, dass wir in einem Büfett-Waggon der 1960er-Jahre sitzen, dass aber einer der Personen-Waggons sogar aus dem Jahr 1939 stammt. Der Verein Dampfeisenbahn Weserbergland lässt aufgearbeitete und restaurierte Eisenbahnfahrzeuge der Baujahre 1910 bis 1960 fahren.

Dampfeisenbahn Weserbergland

Unsere »Dampflok 52 8038« ist Anfang der 1940er-Jahre gebaut worden.

Die Landschaft schiebt sich langsam an den Fenstern vorbei. In den vielen engen Kurven kreischen die Räder der Waggons. Mit einem Rumpeln hält der Zug in Obernkirchen. Kurz hinter dem Ort wird klar, dass wir einen Höhenzug des Weserberglandes durchstoßen. An der Seite fallen urig bewachsene Hänge schroff ab.

Die Eisenbahn ist mit 30 bis 40 Stundenkilometern auf einer eingleisigen Strecke unterwegs, die im Privatbesitz der Rinteln-Stadthagener Verkehrsbetriebe ist und wochentags noch als Güterstrecke genutzt wird.

Nach rund 50 Minuten erreichen wir unser Ziel an der Weser. Um Zeit zu sparen, dienen unsere Räder als schnelles Transportmittel vom Bahnhof über die Weserbrücke in die Altstadt. Zum historischen Marktplatz sind es 1 1/2 Kilometer, 5 Minuten per Rad. Vom Bahnhof kommend, stoßen wir auf die Straßenecke Bahnhofsweg und Bahnhofsallee. Links geht's die Bahnhofsallee herunter, wir erreichen die Bahnhofstraße und sehen schon die Weserbrücke. Hinter der Brücke rollen wir die Weserstraße hinab, die uns direkt in die Altstadt und zum historischen Marktplatz führt. Hier parken wir unsere Vehikel und starten unseren Rundgang.

Augenschmaus auf Schritt und Tritt

Der Marktplatz mit seinen sehenswerten Fachwerkbauten ist bei diesem Traumwetter Treffpunkt vieler Ausflügler und Einheimischer in den zahlreichen (Eis-)Cafés. Für Kinder bietet sich hier ein tolles Terrain: Begehbare Wasserspiele laden zum Plantschen und Erfrischen ein, und so manche Eltern haben Probleme, ihre Sprösslinge von dort wegzulocken.

Rechts in der Ecke wird unser Blick von dem wohl prächtigsten Gebäude des Marktplatzes angezogen: dem früheren Rathaus der Stadt, dessen Ursprung ins 13. Jahrhundert zurückgeht. Im 16. Jahrhundert wurde die Fassade im Stil der Weserrenaissance umgestaltet. Heute beherbergt es das Restaurant *Ratskeller*. Wir gehen zwischen Bürgerhaus und Ratskeller hindurch und sehen links die Nikolai-Kirche. Der Weg führt uns rechts an der Kirche vorbei über den Kirchplatz. Wir biegen rechts in die Ritterstraße. Hier lohnt sich ein Blick nach rechts in die Kreuzstraße hinein mit ihren altersgebeugten, liebevoll restaurierten Fachwerkhäuschen.

Wir sind jedoch geradeaus auf dem Weg zu dem wohl kleinsten Gebäude im Stil der Weserrenaissance, dem Archivhäuschen. Es wurde 1565 gebaut und diente in späteren Zeiten zur Aufbewahrung von Akten und Urkunden. Der reich gegliederte Erker des aus Obernkirchener Sandstein errichteten Baus ist geschmückt mit Portraitmedaillons der Erbauer, Waffenreliefs und naiven Plastiken, welche Liebe (Lukretia Romana), Glaube (Fides) und Hoffnung (Spes) darstellen.

Am Ende der Ritterstraße liegt links der prächtige Parkhof, eine Anlage aus dem 18. Jahrhundert, und genau gegenüber der Burghof, ein mächtiges Fachwerkgebäude (17. Jahrhundert) mit großem Innenhof, das als Klinik genutzt wird.

Wir gehen rechts in die Krankenhäger Straße und erreichen nach kurzer Zeit rechts die Bäckerstraße. Sie ist gesäumt von einer fast durchgehenden Reihe aufwendig restaurierter Fachwerkhäuser aus der Blütezeit Rintelns. Kopfsteinpflaster, romantische, gusseiserne Straßenlaternen sowie üppig blühende Rosenstöcke geben ein prachtvolles Bild. Der Weg führt uns durch die sehr schmale Giebelgasse (2. Straße links) auf die Klosterstraße. Auf dieser breiten Geschäftsstraße wenden wir uns nach links. An der nächsten Kreuzung geht's rechts ab, vor uns liegt die St. Jacobi-Kirche. Einige Schritte weiter steht ihr gegenüber ein prächtiges, hoch aufgerichtetes Fachwerkgebäude, der Prinzenhof. Es diente in alten Zeiten dem Schaumburger Grafen als Stadthof. Heute ist es Sitz des Amtsgerichtes.

Zurück zur Klosterstraße biegen wir rechts ab und passieren das Postamt von 1890. Rechts an der Straße steht das Neue Rathaus der Stadt, Ende des 19. Jahrhunderts erbaut. Wir gehen rechts um das Gebäude herum, auf den Parkplatz hinterm Haus und sehen dort die Eulenburg, das lachsfarben getünchte Heimatmuseum. Das Gebäude stammt aus dem 15. Jahrhundert, diente im Mittelalter dem Kloster Möllenbeck als Stadthaus und war später Regierungssitz von Hessen-Schaumburg.

Zurück durch angenehmes Grün

Wir lassen das Gebäude rechts von uns und überqueren hinterm Haus den Mühlenexter, einen kleinen Bach, in dem sich Fische tummeln. Weiter geht es rechts entlang auf dem Blumenwall. Er war Teil einer alten Festungsanlage. Auf diesem Weg unter Schatten spendenden Bäumen wollen wir zum historischen Marktplatz zurückkehren. Dort, wo die schmale Straße Blumenwall nach links abknickt, gehen wir weiter geradeaus in die Parkanlage hinunter. Irgendwann öffnet sich die dichte Baumreihe rechts und eine kleine Brücke führt wieder über den Mühlenexter. Der Turm der Kirche St. Nicolai ist sichtbar. Durch diese Gasse gehen wir bis zu unserem Ausgangspunkt, dem Marktplatz.

Wir waren eine Stunde unterwegs und sind beeindruckt von so viel Gebäude-Schönheit. Jetzt fehlt nur noch eins zu unserer Zufriedenheit: Wir freuen uns auf eine nette Pause in einem der lauschigen Cafés in der Fußgängerzone, bevor wir dann pünktlich wieder unsere »Emma« erreichen müssen.

Grit Engelbrecht

Informationen:

Dampfeisenbahn Weserbergland e. V. (DEW), Postfach 12 11, 31704 Bad Eilsen, Tel. 0 57 51/52 13, dampfeisenbahn@t-online.de, www.shg-web.de/dew, Fahrpreis: Rückfahrkarte Stadthagen–Rinteln Erwachsene 12 €, Kinder 6 €, Fahrradtransport kostenlos.

Stadt Rinteln, Tourist-Information, Marktplatz 7, 31737 Rinteln, Tel. 0 57 51/92 58 33, Fax 0 57 51/92 58 34, tourist@rinteln.de, www.rinteln.de

Getränke, Kuchen, Würstchen gibt es zu zivilen Preisen in der Dampfeisenbahn. Im Büfett-Waggon dürfen keine mitgebrachten Speisen und Getränke verzehrt werden.

17 »In jedem Stück Fels schlummert das Leben«

Tour: Ausflug mit dem Auto zum »Garten der geliebten Steine«, einem Skulpturenpark nahe der Paschenburg im Wesergebirge.

Dauer: Ein Gartenrundgang dauert etwa 45 Min., je nach Interesse auch länger.

Familie: Kinder sind hier gerne gesehen. Für diese Ausstellung gilt: »Anfassen erlaubt«.

Saison: Der Garten ist ganzjährig geöffnet und hat zu allen Jahreszeiten einen eigenen Reiz.

Varianten: Bei guter Fernsicht darf ein kurzer Gang hinauf zur Paschenburg nicht fehlen. Von einer Aussichtskanzel eröffnet sich aus 358 m Höhe ein herrlicher Blick über das Wesertal. Ein ca. 2 km langer Fußweg führt bergab zur Schaumburg, dem ehemaligen Stammschloss des früheren Grafen von Schaumburg.

Anfahrt: Nur *Kfz*: Die A 2 bis Abfahrt Rehren fahren, dann weiter Richtung Hessisch Oldendorf bis zur Abzweigung Schaumburg/Paschenburg. Von Hameln über die B 83 nach Hessisch Oldendorf, von dort über die L 434 bis zur Abzweigung Schaumburg/Paschenburg. Parkmöglichkeiten direkt vor dem Garten.

Abschalten vom Alltag, abtauchen in die Welt des Imaginären, Fantastischen und Zauberhaften: Dazu lädt der »Garten der geliebten Steine« ein. Den besonderen Charme dieses Ortes mitten im Wald spürt jeder Besucher – ob er Skulpturen betrachtet, Steinmetzen und Bildhauern bei ihrem Handwerk über die Schulter schaut oder selbst zu Knüpfel und Zahneisen greift.

Ein Garten wie ein Kristallkeim

Schon der Eingang ist ungewöhnlich: Pfeiler aus Sandstein tragen Torflügel aus Eiche, durch die man hindurchsteigen kann. Das Tor soll Symbol für den Eintritt in eine andere Welt sein, erfahren wir später. Mit diesem Kunstwerk aus Sandstein und Holz hat 1998 die Anlage des Gartens begonnen. Wandergesellen aus ganz Deutschland haben das Tor in dreiwöchiger Arbeit geschaffen. Heute ist es Erkennungszeichen des Gartens.

Wir treten ein in die »andere Welt« und vor uns liegt eine alte Bruchstein-Remise. Sie war einst Unterstand für Droschken und Pferde, wenn Kurgäste aus Bad Eilsen zu Tanzveranstaltungen in der Paschenburg anreisten. Heute dient das langgezogene Gebäude als Bauhütte für Steinmetze und Bildhauer. Meistens arbeiten die Handwerker jedoch im Freien, auf dem lichten Platz vor der Remise, oder hinter der Bauhütte, unter schützendem Dach. Dann erfüllen die typischen Schlaggeräusche von Knüpfel und Zahneisen das Gelände. Mit Ausdauer und Zähigkeit schlagen Profis und Laien ihre Ideen in Sandsteinrohlinge, begutachten immer wieder die entstehende Form, befreien sie vom Steinstaub und setzen das Zahneisen neu an. Auch wenn das Zuschauen fasziniert: Wir lösen uns von den Handwerkern und lassen unseren Blick den Hang hinauf wandern, über eine Wiese mit knorrigen Obstbäumen.

Sie ist der eigentliche »Ausstellungsraum«. Etwa 150 Skulpturen sind hier platziert, überwiegend aus Sandstein, einige aus Eisen und Holz. Besucher flanieren über die angelegten Kieswege,

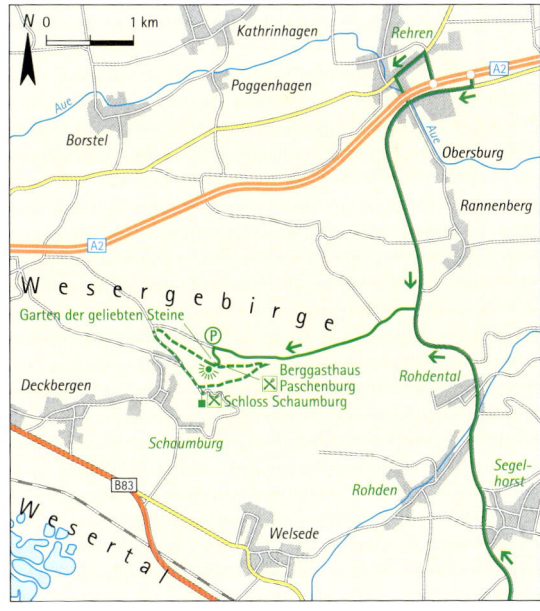

113

bleiben stehen, betrachten die Skulpturen, tasten sie ab, fühlen den Stein, sinnieren, diskutieren, gehen weiter. Und irgendwo ist mit Sicherheit Peter Lechelt zu finden, unverkennbar in seiner Arbeitskluft aus Cordhose und Weste, Staude – einem weißen, weitärmeligen Hemd – und schwarzem, breitkrempigen Hut. Der gebürtige Hannoveraner ist Bildhauer und hatte die Idee zu diesem Garten. »Ich wollte einen Ort schaffen, an dem sich verschiedene Köpfe, Talente und Hände verwirklichen können«, erklärt er sein Konzept. »Dieser Garten ist wie ein Kristallkeim. Er wächst und verändert sich. Durch das freie Zusammenspiel von Menschen, die er anzieht und die mit ihrer Liebe das Leben wecken, das in jedem Stück Fels schlummert.«

Der Wandel ist das Beständige

Sieben Künstler stellen inzwischen im »Garten der geliebten Steine« aus. Alle Skulpturen haben sie vor Ort geschaffen. »Im Gegensatz zum Modellieren entsteht bei einer Skulptur die Form durch Wegnehmen. Was weg ist, ist weg.« Prägnant bringt Peter Lechelt Dramatik und Reiz der Arbeit mit Stein auf den Punkt. Dabei sind kunsthandwerkliche und bildhauerische Arbeiten entstanden, Abstraktionen und fantastische Skulpturen. Alle

Fortgeschrittene Versuche mit Knüpfel und Zahneisen

Werke sind Unikate, so auch die Elfen. Ein Zauber geht von den märchenhaften Wesen aus. Fein sind ihre Gesichtszüge und Umrisse aus hellem Sandstein herausgearbeitet. Grimmig und wild dagegen schaut der »Panische Pan«. Lechelt hat die Skulptur in drei Teile zerschlagen und mit Glassteinen wieder zusammengesetzt. Sie funkeln im Sonnenlicht und verleihen dem Waldgott etwas Geheimnis- und Kraftvolles. Ganz andere Assoziationen weckt eine Stele, die bootsähnliche Formen trägt. Sie soll ihren Platz später am Wasser finden, wenn der geplante Teich fertig ist. Auch andere Skulpturen wechseln ihren Standort, neue kommen dazu. Beim nächsten Besuch ist vielleicht die »Möndin« fertig, eine Abstraktion, die das Weibliche symbolisieren soll. »Der Wandel ist das Beständige am Skulpturenpark«, resümiert Bildhauer Lechelt. Und wie von allein hat sich der Garten zum Treffpunkt für Künstler entwickelt. Sie veranstalten im Sommer Lesungen, machen Musik und spielen Theater. Für Kinder gibt es dann ein Extraprogramm: Märchenlesungen, musikalische Experimente oder Erfahrungen mit dem Element Stein. Der Garten soll eben ein schöpferischer Ort für viele Menschen sein. Peter Lechelts Überzeugung: »Kunstschaffen braucht auch die gegenseitige Anregung.«

Brigitte Lehnhoff

Informationen:

Garten der geliebten Steine, Paschenburg, 31737 Rinteln, Tel. 0 51 52/95 46 11, Fax 0 51 52/95 42 77, www.gartendergeliebtensteine.de, Herbst–Winter tägl. 11.00–18.00, Sommer tägl. bis zum Einbruch der Dunkelheit. Eintritt: 1 €. Workshop-Angebote und Veranstaltungshinweise für das Sommer-Kulturprogramm erfragt man am schnellsten via Internet.

Berggasthaus Paschenburg, Paschenburg 1, 31737 Rinteln, Tel. und Fax 0 51 52/25 47, Mo Ruhetag, Di ab 14.00, Mi–So ab 11.00, Okt–Feb Mi–Do ab 14.00, Vorbestellung sinnvoll.

Karte:

Deutsche Ausflugskarte, Blatt 11 Rund um Hannover, Haupka Verlag, 1:100 000.

18 Schwindelnde Höhe

Tour: Bei der Wanderung im urigen und wunderschönen Süntel gilt es einige Höhenmeter zu überwinden. Belohnt wird die Anstrengung aber mit einem tollen Blick vom Hohenstein ins Wesertal.

Länge: Ca. 11 km.

Dauer: Reine Gehzeit ca. 2,5 Std. Mit Verschnauf- und Picknickpausen braucht man ca. 4 Std.

Familie: Auch für Untrainierte durchaus empfehlenswert. Etwas ältere Kinder, die gut zu Fuß sein sollten, haben Abwechslung und Spaß beim Erkunden luftiger Höhen und des verwunschenen Blutbachtals. Gummistiefel im Marschgepäck erleichtern das Matschen und Plantschen.

Saison: Ganzjährig, für Kinder jedoch am schönsten in der wärmeren Jahreszeit.

Besonderheiten: Fernglas und Wanderstiefel oder festes Schuhwerk einpacken.

Varianten: Mit kleineren Kindern lässt man den Weg zur Pappmühle weg und verweilt nach dem Auf- und Abstieg zum Hohenstein im Blutbachtal zum Spielen und Matschen.

Anfahrt: Nur *Kfz*: Auf der A 2 in Richtung Dortmund bis Abfahrt Lauenau fahren. Hier rechts in Richtung Hameln, bei der nächsten Möglichkeit rechts nach Pohle. Durch Pohle hindurch nach Antendorf fahren. In Antendorf der Hauptstraße folgend weiter nach Hattendorf. In Hattendorf links nach Langenfeld abbiegen. Durch Langenfeld hindurch der Straße folgen, die sich nun bereits in den Süntel hineinschlängelt. Bei der scharfen Rechtskurve (abknickende Vorfahrt) links in eine kleine Straße fahren. Nach einigen hundert Meter links auf einem kleinen Parkplatz im Wald parken. Hier startet unsere Wanderung.

Blutrünstige Geschichten

Am Rande des Parkplatzes steht das Hinweisschild: »Zum Hohenstein – 3 km«. Nicht viel sollte man meinen, aber wir werden noch sehen, dass es der Aufstieg in sich hat. An der ersten Weggabelung halten wir uns rechts und folgen der Ausschilderung. Wir kommen an der *Baxmannbaude* vorbei, einer Waldschänke mit morbidem Charme. Es gibt einige Sitzgelegenheiten draußen. Leider ist dieser Rastplatz nicht immer geöffnet. Wir gehen weiter Richtung Hohenstein und überqueren jetzt den sagenumwobenen Blutbach, benannt nach einer angeblich furchtbaren und blutigen Schlacht zwischen Franken und Sachsen im Jahr 782, bei der sich das Wasser rot gefärbt haben soll. In dem flachen Bach können Kinder sorglos plantschen und matschen und dem geschlängelten Lauf ins Unterholz folgen.

Durch Naturwald zum »Hirschsprung«

Nachdem wir den »blutigen« Bach hinter uns gelassen haben, geht es steil bergauf. Hier beginnt ein ausgeschilderter Rundwanderweg von 7 Kilometern Länge, den wir heute aber nicht gehen wollen. Wir kraxeln unter riesigen Buchen. Der Wanderweg wird zum Pfad, der so steil ist, dass in ihn Betontreppenstufen für besseren Halt eingelassen sind. Am Wegesrand informiert uns ein Schild, dass wir uns in einem Naturwald befinden. Hier legt kein Waldarbeiter

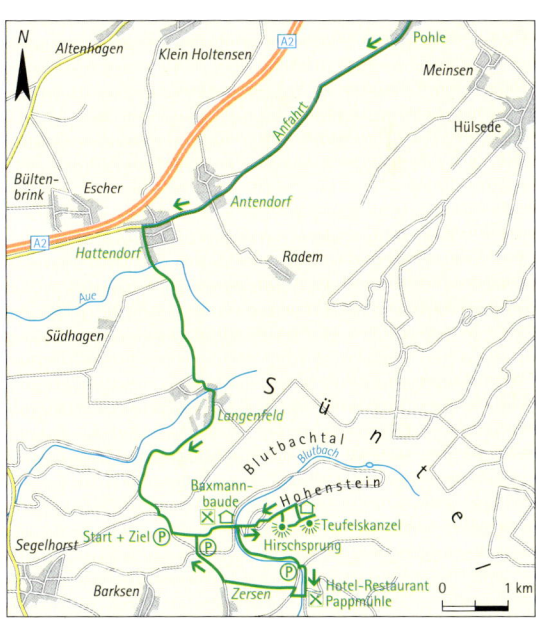

die Axt an einen Baum, hier darf der Wald wachsen und absterben, wie er will. Der amtliche Hinweis auf die Gefahr durch herabstürzende Äste und abknickende Bäume kann uns nicht am weiteren Aufstieg hindern.

Angesichts der schroffen Steigung japsen wir ganz schön, der Wegweiser zum Hohenstein führt uns nun vom breiten Waldweg erneut eine steile Treppe hinauf.

Oben angelangt, wir haben bisher knapp 40 Minuten gebraucht, verschnaufen wir erst einmal. Langsam nähern wir uns dem Rand des Abhangs. Vor uns genießen bereits einige Wanderer am Aussichtspunkt »Hirschsprung« den atemberaubenden Blick ins weite Wesertal – und in die Tiefe. Eine 40 Meter abfallende Kalksteinwand aus Korallenoolith des Weißen Jura zieht uns in ihren Bann. Wir sind verwundert, dass der schroffe Felshang nicht abgesichert ist, scheinbar lassen selbst Wagemutige angesichts der Tiefe Vorsicht walten. Eine große, flache Steinplatte dient einer anderen Wandergruppe als Tisch für Köstlichkeiten.

Vom Aussichtspunkt verläuft ein schmaler Pfad auf dem Kamm des Hohensteins weiter in Richtung »Teufelskanzel«. Wir folgen ihm, um uns diese bizarre Felssäule direkt am Abhang anzusehen. Sie erinnert tatsächlich an eine Kirchenkanzel, rundherum durch Erosion freigelegt. Auch von hier ist der Blick ins bewaldete Tal beeindruckend. Wir sind uns sicher: Die Anstrengung bergauf hat sich gelohnt!

Wo der »reisige Knecht Ridder« getötet wurde

Wir machen uns auf den Rückweg, gehen rechts an der steinernen Schutzhütte gegenüber der Teufelskanzel vorbei. Eine kleine »Schlaufe« führt uns rasch auf den Weg zurück, den wir auch gekommen sind. Am nächsten Wege-T halten wir uns links und kommen nach kurzer Zeit wieder an der steilen Treppe vorbei, die wir beim Aufstieg benutzt haben. Nach einiger Zeit bergab erreichen wir wieder das Blutbachtal. Wer will, kann hier auf Bänken am Bach eine Pause einlegen.

Weiter geht's vor dem Bach links in Richtung *Pappmühle* (Beschilderung), einem Hotel und Ausflugslokal in 2 Kilometern Entfernung. Nachdem uns der Auf- und Abstieg zur Teufelskanzel körperlich richtig gefordert haben, wandern wir jetzt im Blutbachtal auf einem kleinen asphaltierten Weg bequem und ohne Anstrengung immer parallel zum romantisch mäandrierenden Bach.

118

Blick aus 330 m Höhe ins Wesertal

Am linken Wegesrand taucht ein altes, verwittertes Steinkreuz auf. Es erinnert daran, dass an dieser Stelle »der reisige Knecht Hans Ridder von einem wilden Schweine getötet wurde«. Kurz hinter dem Erinnerungskreuz kommen wir an einen großen Parkplatz. Den überqueren wir nach links. (Wir gehen nicht geradeaus in Richtung Zersen.) Am Ende des Parkplatzes gabelt sich der Weg. Wir gehen rechts und erreichen nach kurzer Zeit die *Pappmühle* mit Biergarten.

Rückweg auf verwunschenem Pfad

Nach der Pause bei Kaffee und Kuchen gehen wir den Weg weiter und biegen kurz hinter der *Pappmühle* rechts in eine Straße ein. Es geht über eine kleine Brücke und an der nächsten T-Kreuzung wieder rechts. Hier folgt eine sanfte Linkskurve. Am Ausgang dieser Kurve (Achtung!) endet auf der linken Seite eine eingezäunte Weide. Dies markiert den Beginn eines kaum sichtbaren Trampelpfades in den Wald hinein. Es gibt kein Hinweisschild. Spätestens ab hier ist es ratsam, die im Anhang empfohlene Wanderkarte zu benutzen, in der der Rundwanderweg eingezeichnet ist. Wir müssen uns ein wenig durchs Unterholz schlagen und entdecken nach etwa 10 Metern alte bemooste Treppenstufen. Es ist abenteuerlich! Es scheint, dass die Natur die Treppen und den Pfad allmählich wieder vollkommen in Besitz nimmt. Dort, wo sich nach den Treppenstufen auf der Anhöhe der Pfad endgültig zu verlieren scheint, stoßen wir rechts auf einen breiten Schotterweg. Wir gehen links, mehr oder minder immer am Waldrand entlang, mit Blick auf steil abfallende Wiesen und einmal sogar auf eine Anpflanzung von Weinreben am sonnigen Hang. Der Weg endet an einer schmalen, asphaltierten Straße am Ortsrand von Zersen. Wir halten uns rechts und gehen hoch in den Wald hinein. Jetzt ist unsere Beinmuskulatur noch einmal stark gefordert, denn es gilt 10 Prozent Steigung zu bewältigen! Oben bei einer Kreuzung angekommen, befindet sich rechts ein Parkplatz. Wir folgen der Straße nach rechts. Im spitzen Winkel, direkt hinter der Einfahrt zum Parkplatz, geht ein Waldweg bergab. Ihm folgen wir und erreichen sehr bald eine T-Kreuzung. Hier gehen wir links und kommen nach einigen hundert Metern wieder an unserem Parkplatz an.

Grit Engelbrecht

Informationen:

Tourist-Information, Lange Str. 63, 31840 Hessisch Oldendorf, Tel. 0 51 52/1 94 33, Fax 0 51 52/14 05, Tourist@stadt-hessisch-oldendorf.de, www.hessisch-oldendorf.de

Waldschänke Baxmannbaude, Sa, So ab 11.00, für weitere Informationen an *Hotel Pappmühle* wenden.

Hotel-Restaurant Pappmühle, Pappmühle 1, 31840 Hessisch Oldendorf-Zersen, Tel. 0 51 52–94 66 66, Fax 0 51 52/94 66 88, Hotel@pappmuehle.de, www.pappmuehle.de

Karte:

Topografische Karte Naturpark Weserbergland (mit Wanderwegen), Landesvermessung und Geobasisinformation Niedersachsen (LGN), 1:50 000.

Wo Schneewittchen sich im Kreise dreht

19

Tour: Waldwanderung in den Deister zu den Wasserrädern an der Feldbergquelle. Die Tour beginnt und endet am S-Bahnhof Barsinghausen-Egestorf.
Länge: 7 km.
Dauer: Mit Picknick- und Spielpausen ca. 4 Std.
Höhenunterschied: Ca. 100 m.
Familie: Für Kinder besonders gut geeignet, auch für jüngere, die noch nicht ausdauernd laufen können. Alle Wege sind befestigt und können mit Kinderwagen oder -karre befahren werden.
Saison: Mai bis Sep.
Besonderheiten: In der Kinderausrüstung sollten Käscher, Eimerchen und Lupenglas nicht fehlen. Auch ein »Waldführer« im Rucksack kann nützlich sein (siehe Buchtipp).
Anfahrt: *ÖPNV:* S1 oder 2 aus Richtung Hannover und Haste bis Haltestelle Barsinghausen-Egestorf. *Kfz:* Über die L 391 nach Egestorf. Parkmöglichkeit am Bahnhof.

Die kleinen, wasserradgetriebenen Bastlermodelle an der Feldbergquelle sind seit Jahrzehnten eines der beliebtesten Ausflugsziele im Deister, besonders für Familien mit jüngeren Kindern. Ein Erlebnis kann auch der Weg dorthin werden – mit offenen Augen und Ohren und ein wenig Ausrüstung im Gepäck. Wald, Wasser und Zeugnisse des Steinkohlebergbaus laden zur Entdeckertour ein.

Fischen im königlichen Jagdrevier

Ab Bahnhof Egestorf folgen wir der Landstraße Richtung Wennigser Mark. Nach etwa 300 Metern schlagen wir uns auf einem schmalen Weg rechts durchs Gebüsch, queren den Parkplatz Waldwinkel und wandern geradeaus weiter, bis links ein Fuß- und Radweg Richtung Georgsplatz/Wennigser Mark abzweigt. Buchen, Kastanien, Eichen und Birken säumen den Wennigser-Mark-Weg. Für kleine Wanderer eine gute Gelegenheit, im Unterholz nach einem Wanderstock zu suchen. Zünftig ausgerüstet geht es weiter bis zum Bierweg. Dort lassen wir den Waldparkplatz links liegen und wandern zwischen hohen Buchen auf eine Lichtung zu. An ihrem Rand liegt rechter Hand, verborgen hinter Büschen und Bäumen, ein heller Sandsteinbau – das ehemals königliche »Jagdschloss Georgsplatz«. König Ernst August von Hannover hat es 1845 erbauen lassen, benannt ist es nach seinem Sohn Georg. Jahrzehntelang hat die Forstverwaltung das Jagdschloss genutzt. Heute hegt und pflegt ein privater Besitzer das eindrucksvolle Baudenkmal. Es ist daher nur über den Zaun zu bewundern.

Wir folgen der Einzäunung, die uns direkt zum Wegweiser »Wasserräder« führt. Nur wenige Schritte bergab sind es von dort bis zu einem kleinen Teich. Ursprünglich diente er zur Wasserversorgung des Jagdschlosses. Heute erfreut sich das Gewässer großer Beliebtheit bei kleinen Naturforschern. Hier fischen sie gern im Trüben. Zur Laichzeit beispielsweise, wenn es am flachen Ufer von Kaulquappen nur so wimmelt. Leicht lassen sich die quirligen Tierchen mit einem Käscher abfischen. In einen wassergefüllten Eimer oder ein Lupenglas gesetzt, kann man sie wunderbar beobachten. Wenige Meter weiter, am Forellenbach, dürfte das Herz junger Wasserbaumeister höher schlagen. Das Bachbett ist breit, an geeigneten Bauplätzen fehlt es nicht. Auch das Baumaterial liegt überall griffbereit: kleine und große Steine, dicke Äste und dünne Zweige. Keine Lust auf nasse Füsse? Wie wär's mit Klettern oder Versteckspielen im Wald? Wer es lieber beschaulich mag, setzt sich auf eine Bank am Teich und lauscht dem Vogelgezwitscher. Buchfink, Meise, Dompfaff, Zaunkönig, Amsel und Drossel sind hier zu Hause.

Wasserkraft für Kohlebergbau und Kinderspiel

Nach einer Haarnadelkurve wandern wir stetig bergauf Richtung Deisterkamm. Bis zum nächsten Wegweiser »Wasserräder« sind es einige hundert Meter. Dort angekommen geht es nach links, steil bergab in das Bruchbachtal auf den Blanketeich zu. Ein Bergbauingenieur hat den Teich im 19. Jahrhundert als Talsperre angelegt, um die Kraft des Wassers für die Steinkohleförderung zu nutzen. In Rohren wurde das Wasser bis zur Schachtöffnung geleitet und dort in einen Blechkasten gefüllt. An einer Kettenrolle in den Schacht hinabgelassen, zog er durch sein Gewicht einen Kasten mit Kohle herauf. Nur eine kleine Holztafel erinnert noch daran, dass wir an einer historischen Bergbauanlage stehen, der Teich ist fast zugewachsen. Holzbänke laden zwar zur Rast ein. Wir verkneifen uns aber eine Pause, denn bis zu unserem Ziel ist es nun nicht mehr weit.

Nach der nächsten Wegbiegung ist schon ein Klappern und Hämmern zu hören, dann sind sie endlich zu sehen: etwa 20 bunt lackierte Miniatur-Modelle aus Holz und Metall, angetrieben von kleinen Wasserrädern und aufgebaut entlang dem steilen Gefälle der Feldbergquelle. Stufe für Stufe steigen wir bergauf und bewundern die kleinen Kunstwerke. In einer Schmiede schlägt der Hammer stetig auf den Amboss, ein Schornsteinfeger kehrt unentwegt den Kamin, Schneewittchen und die sieben Zwergen drehen sich pausenlos im Kreise und eine kleine Straßenbahn fährt unermüdlich ihre Runden. Auch Max und Moritz, die beiden Spitzbuben, dürfen nicht fehlen. Mit Schnur und Angelhaken stibitzen sie der armen Wite Bolte den leckeren Braten vom Herd.

Manchem Modell sind seine Jahre deutlich anzusehen. Trotzdem locken die Wasserräder jedes Jahr tausende von kleinen

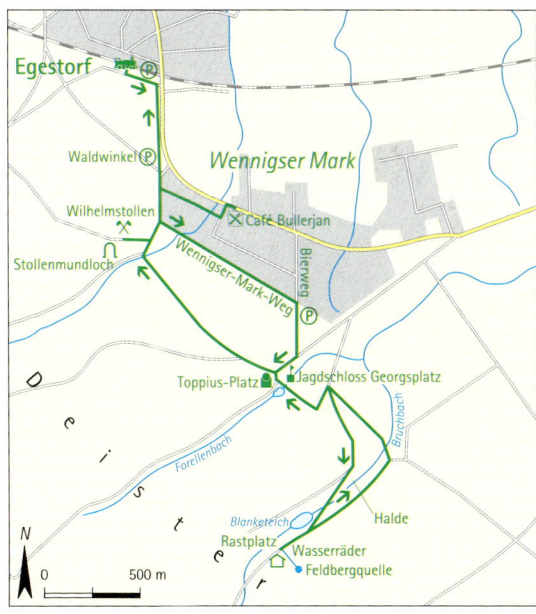

So funktioniert das also mit
der Wasserkraft!

und großen Besuchern. Und das schon seit 1957, wie uns die
Inschrift am feuerroten Miniatur-Spritzenhaus unterhalb der
Feldbergquelle verrät. Angefangen hat alles mit einer Spielerei.
Kinder hatten sich einfache Wasserräder aus Vierkanthölzern
gebaut. Das brachte einige Wennigser auf die Idee, stabilere
Modelle zu bauen und sie im Sommer auszustellen. Daraus ist
eine Tradition geworden, die ein kleiner Verein von Hobby-
bastlern bis heute pflegt. Saisoneröffnung ist stets am letzten
April-Wochenende. Dann wird auf dem Rastplatz unterhalb der
Wasserräder ein kleines Volksfest gefeiert, mit Budenstadt und
Kutschverkehr zur Wennigser Mark. Am letzten September-Wo-
chenende bauen die Bastler ihre Modelle wieder ab und machen
sie im Winterquartier flott für die nächste Saison.

Das i-Tüpfelchen

Auf dem Rückweg bleiben wir diesseits des Bruchbachs und er-
sparen uns so große Steigungen. Der Wegweiser »Wennigser

124

Mark« führt uns bergab, an einer mächtigen Halde vorbei. 1642 soll hier die erste Steinkohle im Deister abgebaut worden sein, lesen wir auf einer Holztafel. Etwa 2 1/2 Jahrhunderte später, als die Bergleute auf Kalk stießen, ist in dieser Deisterregion der Bergbau eingestellt worden. Längst stillgelegt ist auch der Wilhelmstollen westlich der Wennigser Mark. Ein Abstecher dorthin verlängert zwar unseren Rückweg, lohnt sich aber. Nur noch an wenigen Stellen ist das Stollenmundloch so gut sichtbar. Das vorletze Ziel unserer Tour erreichen wir über den Georgsplatz. Von dort wandern wir etwa 1,2 km Richtung Egestorf/Bahnhof, bis wir rechter Hand eine langgezogene, aber nicht besonders hohe Halde entdecken. Das Stollenmundloch liegt auf der anderen Seite des Weges. Halb zugemauert, halb vergittert ist es ein idealer Ort für Fledermäuse, die sich hier längst einquartiert haben. Zu Gesicht bekommen wir die nachtaktiven Tierchen natürlich nicht. Es sei denn, wir schauen in der Dämmerung vorbei.

Was unserer Wanderung jetzt noch fehlt, ist das i-Tüpfelchen, oder anders gesagt: ein Sahnehäubchen. Das und leckeren Kuchen dazu gibt es im *Café Bullerjan* in der Wennigser Mark. Auf dem kürzesten Weg eilen wir dorthin: vom Wilhelmstollen Richtung Parkplatz Waldwinkel gehen, rechts abbiegen in die Straße Am Waldwinkel, an der nächsten Kreuzung links abbiegen in die Straße Am Schleifbach, dann geradeaus weiter bis zur Egestorfer Straße. Noch ein paar Schritte nach rechts und wir stehen vor dem Café.

Brigitte Lehnhoff

Informationen:
Bastlergemeinschaft der Wasserräder, F. Wenzel, Süderweg 20, 30974 Wennigsen, Tel. 0 51 09/56 50 09, www.wennigsen.de
Café Bullerjan, Egestorfer Str. 37, 30974 Wennigsen-Wennigser Mark, Tel. und Fax 0 51 03/14 72, www.h-g-massberg.de/bullerjan/, Mi 14.00–19.00, Do–Fr 14.00–22.00, Sa–So 9.00–19.00, Mo–Di Ruhetag. Auswahl leckerer Kuchen, auch belegte Brote und Salate. Am Wochenende können Wanderer ihre Tour hier mit einem Frühstück starten. Service, Einrichtung und Preise sind familienfreundlich.

Buchtipps:

Für Naturentdecker: Eva und Wolfgang Dreyer: Der Kosmos-Waldführer, 3. Auflage 2001.

Für Bergbaufreunde: Flurnamenkarte, Blatt 3/4 Egestorf, Landkreis Hannover 1991. Die Karte gibt Aufschluss über den historischen Zustand des Wandergebietes, z. B. über Holz- und Kohletransportwege sowie Bergbauanlagen. Mit dem dazugehörigen Flurnamenlexikon ist die Karte für 1 € bei der Region Hannover erhältlich (Tel. 05 11/61 62 22 08).

Eine Gesamtveröffentlichung über den Deisterbergbau ist in Arbeit. Informationen bei Stadtarchivar Eckard Steigerwald, Rathaus II, Deisterplatz, 30890 Barsinghausen, Tel. 0 51 05/77 43 72.

Karte:

Wander- und Freizeitkarte, F5 Deister (mit Begleitheft), Landesvermessung und Geobasisinformation Niedersachsen (LGN), 1:40 000.

Wo der Norden gar nicht flach ist

20

Tour: Rundwanderung vom Bahnhof Bad Münder über die Ortschaft Klein Süntel hinauf zum Süntelturm. Wanderung und Einkehr in der Turmwirtschaft werden mit einer Gruppe zum Erlebnis.

Länge: 16 km.

Dauer: Reine Wanderzeit auf gut ausgebauten Wegen 4–5 Std. Der Süntelturm mit seiner Gastwirtschaft oder das Ausflugslokal *Bergschmiede* laden ein zu langen Pausen, zum Schmausen und Schauen.

Familie: Nicht zu empfehlen mit Kinderwagen. Kinder und Jugendliche sollten Spaß am Wandern haben, denn auf dieser Tour ist der Weg das Ziel – eine Philosophie, die einem in der Pubertät oft fremd ist.

Saison: Ganzjährig. An kalten, klaren Wintertagen ist die Fernsicht vom Süntelturm am besten.

Besonderheiten: Wer ein Fernglas besitzt, nimmt es unbedingt mit. Wanderschuhe sind von Vorteil, aber Turnschuhe tun's auch. Außer etwas Flüssigkeit brauchen Wanderer keinen Proviant. Es ist eine Lust, sich nach viel Bewegung am Süntelturm zu stärken.

Varianten: Wer Wanderkarten lesen kann, kann verschiedene Wege zum Süntelturm und zurück ausprobieren. Eine etwas größere Schleife als die hier beschriebene bezieht das Lokal *Bergschmiede* mit ein.

Anfahrt: *ÖPNV:* Mit der S 5 von Hannover Richtung Hameln bis Haltestelle Bad Münder. *Kfz:* Aus Richtung Bad Nenndorf über die B 442 an Bad Münder vorbeifahren. Südlich von Bad Münder gelangt man direkt zum Bahnhof. Von Hannover kommend über die B 217 Richtung Hameln bis Hachmühlen. Hier rechts abbiegen nach Bad Münder.

Es ist kurz nach halb zehn, als wir auf dem idyllischen Bahnhof nahe Bad Münder stehen. Obwohl der Hauptbahnhof nur 36 S-Bahn-Minuten entfernt ist, scheint Hannover doch viel weiter weg. Irgendwo hinterm Deister, den wir mit der S-Bahn umfahren haben. Und jetzt liegen das Süntel-Gebirge und mehr als 330 Höhenmeter vor uns. Der Bahnhof liegt 112 Meter über NN, unser Ziel, der Süntelturm, steht auf der 437 Meter messenden Hohen Egge. Der höchste Punkt des Süntels, höher auch als der benachbarte Deister. Erst recht, wenn wir die Turmhöhe von 25 Metern dazuzählen. Von dort oben, so haben wir gehört, soll man bei klarer Luft das Hermannsdenkmal bei Detmold im Teutoburger Wald sehen können. Und den Brocken im Harz. Also, lasst uns mit dem Aufstieg beginnen. Wir haben uns vorgenommen, nicht immer die für Wanderer ausgeschilderten Hauptwege im Süntel zu wählen, sondern, mit der Karte in der Hand, auch mal Nebenwege und Abkürzungen. Das macht die Sache spannender und unterstreicht den alten Grundsatz: Der Weg ist das Ziel.

Wir verlassen den Bahnhof, gehen die Straße rechts hinunter und treffen schon nach wenigen Metern auf den ersten Wegweiser für Leute auf Schusters Rappen. Von hier sind es 3 Kilometer nach Klein Süntel, der kleinen Ortschaft an der Südostspitze des Höhenzuges. Das ist unser erstes Etappenziel. Nach wenigen Schritten gehen wir zweimal links und stoßen auf den »Wanderweg zum Süntel«. Kaum dass wir auf den Feldern sind, erreichen wir eine Wege-T-Kreuzung, an der wir uns entscheiden müssen: Schilder wollen den Wanderer hier nach rechts lenken, Richtung Süntelturm und zu den beiden Ausflugslokalen *Bergschmiede* und *Eulenflucht* mitten im Bergwald. Wir entscheiden uns gegen die beschilderte Sicherheit und gehen den Feldweg weiter geradeaus, direkt auf die erste bewaldete Höhenlinie zu. Wir erreichen den Waldrand und folgen dem Weg nach rechts. Obwohl uns der tiefe Forst noch gar nicht geschluckt hat, spüren wir die angenehme Wirkung des Waldes auf das Klima. Es ist heute morgen schon bullig warm und laut Wetterbericht wird es 30 Grad, aber jetzt schlägt uns der angenehm kühle und feuchte Atem der Pflanzenwelt entgegen.

Warzen im Waldgesicht

Nachdem wir ein Stück am Waldrand entlanggelaufen sind, kommen wir an eine gut beschilderte Wegkreuzung. Wir gehen weiter Richtung Klein Süntel und vertrauen uns dem Heinz-Volmahn-Weg an. Die nächsten zwei Kreuzungen ignorieren wir auf unserem geraden Weg. Spätestens auf diesem Abschnitt spüren wir

die Vorboten des Süntelmassivs: Es geht moderat ständig berg-
an, und wir wissen, dass es für weitere 1 1/2 Stunden so bleiben
wird. Wir erreichen einen recht breiten Weg an einer T-Kreuzung, wenden uns nach links und erkennen nach wenigen Schritten, dass sich der Wald lichtet – Klein Süntel ist fast erreicht.
Zuvor aber entdecken wir links und rechts des Weges zwei merk-
würdige Bodenformationen. »Warzen im struppigen Waldgesicht
des Gebirges« hat der ehemalige Stadtbaumeister von Bad Münder, Gottfried Kastl, diese Erhebungen genannt. Wir Freizeit-
menschen stehen vor und auf den Überresten eines Stücks Arbeits-
und Industriegeschichte, denn die »Warzen« sind Abraumhaufen
des ehemaligen Kohlebergbaus im Süntel.

Die Stadt Münder betrieb von 1809 bis etwa 1865 Kohleberg-
bau in ihren Waldungen im Süntel. Der spätere Stollenbesitzer
gab den Bergbau 1896 dann auf, weil die Steinkohle aus dem
Ruhrgebiet wesentlich hochwertiger war. Im Süntelberg fand man
in den Flözen viel Gestein und wenig Kohle. Nach dem Ersten
und dem Zweiten Weltkrieg wurden die Stollen für wenige Jahre
wieder geöffnet. An die 40 Schächte soll es im Süntel gegeben
haben.

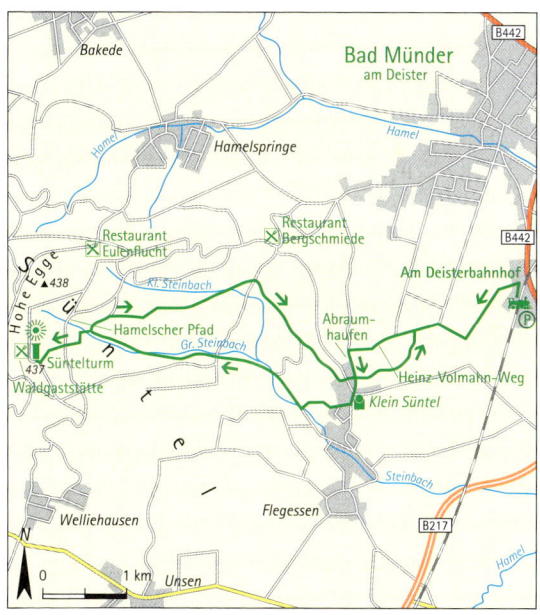

Der Beton des Kalten Krieges

Mit den Bildern von Plackerei und kargem Lohn im Kopf erreichen wir das Bergdorf Klein Süntel, das den südlichsten Punkt
unserer Rundwanderung markiert. Wir gehen die Klein Süntelner
Straße hinunter. Links davon, in respektlos geringem Abstand
zum Fahrbahnrand, steht ein kleines, verwittertes Kriegerdenk-
mal. Auf gleicher Höhe zweigt rechts ein Weg ab, an dem ein
hölzerner Wegweiser zum Evangelischen Freizeitheim steht. Dieser Spur folgen wir, passieren die kirchliche Einrichtung und
anschließend eine Wassergewinnungsanlage der Avacon. An der
nächsten Wegekreuzung ist der Süntelturm wieder ausgeschildert: 3,8 Kilometer steiler, permanenter Aufstieg erwarten uns.
Wir folgen den Wegweisern über zwei Kreuzungen hinweg, und
laufen nun, im tiefsten Forst mit hohen Buchen, deren mächtige
Kronen eine fast sakrale Hallenatmosphäre schaffen, über viele
hundert Meter auf einer schmalen Betonstraße, offensichtlich
gebaut für große Belastungen. Ein Überbleibsel aus Zeiten, da
der Süntel militärisch in der Strategie des Kalten Krieges von
Bedeutung war.

700 Meter vor dem Süntelturm wird die Steigung anspruchs-
voll. Und es scheint, dass der Wald, immer dichter wird, je höher
wir kommen. Inzwischen beschirmt uns ein dichtes Blätterdach,
das nur reflexhaft einige Sonnenstrahlen zu uns herunterlässt.
Wir stehen – wieder einmal – an einer Wegekreuzung ohne Beschilderung. Doch gebietet es die Logik, dass wir weiter bergauf
gehen, denn der Süntelturm steht am höchsten Punkt. Dieser un-
befestigte Pfad ist eine Abkürzung zum Turm. Aber so gelangen
wir schnell wieder auf einen Hauptweg, den Hamelschen Pfad.
Hier sagt uns ein Wegweiser, dass uns nur noch 500 Meter vom
Turm trennen. Unter den Baumkronen hindurch sehen wir lange
Zeit nur das Wirtshaus, das an den Süntelturm angebaut ist. Zwei
Stunden haben wir für den Aufstieg gebraucht und jetzt freuen
wir uns auf die schöne Aussicht und eine kräftige Stärkung.

Rastplatz für Wandervögel aus nah und fern

Auf einer Alpentour hätten wir jetzt eine Jausenstation erreicht,
diese Bezeichnung passt am besten zu dem dunklen Holzhaus,
das sich an den Turm aus Stein schmiegt. Der Wirt des Hauses,
Günter Brandes, hat was von der Beständigkeit der Buchen und
Fichten, die den Süntel bedecken. Das ganze Jahr über bedient

er Wanderer in seiner Wirtschaft. Nur freitags macht er frei.
Auch uns empfängt er freundlich. Das Geschäft sei, so erzählt
Brandes, schwer kalkulierbar. An manchen Tagen verirre sich
nur eine Hand voll Gäste hierher und an anderen Tagen sei es
mit 500 Gästen rappelvoll. Interessante Leute haben bei ihm
schon Station gemacht, die auf dem Europäischen Fernwander-
weg E1, der am Turm vorbeiführt, unterwegs waren. Er hatte
Menschen zu Gast, die von Hamburg zum Bodensee gewandert
sind. »Die größte Entfernung war Flensburg–Genua. Das waren
Leute, die sich für ein Jahr haben beurlauben lassen.« Während
wir plaudern, fällt mein Blick auf die Speisekarte; natürlich gibt
es zünftige Kost für Wanderer: Gulaschsuppe, Würstchen mit
Kartoffelsalat, Brot mit Wurst oder Käse. Plötzlich entdecke ich
eine Metalltür in einer runden Sandsteinmauer. Tatsächlich, nur
an der Theke vorbei gelangt man auf den Süntelturm. Wir ver-
trösten den freundlichen Herrn Brandes bezüglich unserer Be-
stellung und kraxeln die 95 Steinstufen und 12 Eisenstufen
hinauf. Im schmalen Turm ist es moderig und kalt wie im mittelalterlichen Burgverlies des Raubritters von der Katzennase.
Die Treppenstufen sind so ausgetreten, als stünde der Süntelturm
seit Jahrhunderten. Aber um korrekt zu sein, er wurde am 17.
Mai 1901 vom Alten Hannoverschen Gebirgsverein eingeweiht,

Menschliche Spuren sind im Süntel natürlich aus Holz, denn die Waldwirtschaft ist hier
von großer Bedeutung.

131

damals noch mit einem Hoch auf den Kaiser. Oben auf der Platt-
form, auf 465 Metern über NN, hinter Zinnen, können wir erah-
nen, dass der Blick bei guter Fernsicht atemberaubend sein muss.
Wir aber haben heute typischcs Hochsommerwetter, es ist diesig.
Wir erkennen die weite Ebene des Wesertals. In der Ferne dampf-
en die Kühltürme des Atomkraftwerks Grohnde. Und natürlich
erkennen wir die kahlen, schroffen Felsen des Hohensteins am
Nordwestrand des Süntels. 8 Kilometer Wanderweg wären es
von hier bis zur anderen Attraktion des Süntels ... diese Etappe
heben wir uns für ein andermal auf. Jetzt treibt uns der Hunger
hinab zum Wirt. Die nächste Stunde gehört Gulaschsuppe, Wiener Würstchen, Apfelkuchen und Kaffee.

Draußen, am breiten Wanderweg unterm Turm, stehen mehrere Wegweiser, die uns heute alle nicht interessieren. Wir wollen auf dem Rückweg wieder eintauchen in den Mantel aus
Buchen und Fichten und wählen den gleichen Weg zurück, den
wir gekommen sind. Nach Überqueren des Hamelschen Pfades
nehmen wir wieder unsere steile Abkürzung, bis wir in einer
scharfen Kurve auf einen manierlicheren Weg treffen. Hier gehen wir links und nach 200 bis 300 Metern folgen wir dem
unbeschilderten Weg nach rechts.

Das Gefälle ist stark, wir merken es in den Knien und gehen
immer der Nase nach. »Stell dir vor«, erzählt mein Wanderfreund
Gert, »du müsstest jeden Tag zu Fuß zweimal den Süntel über-
queren, weil du auf der einen Seite wohnst und auf der anderen
Seite im Steinbruch arbeitest.« Tatsächlich ist es in früheren Zei-
ten so gewesen. Der Sandstein des Süntels wurde für das
Rattenfängerhaus in Hameln, für Schloss Barntrup und Teile von
Schloss Hämelschenburg verwendet. Jeden Tag über den Berg?
Und im Winter wird es so früh dunkel. Da mussten die Arbeiter
Furcht und Phantasie im Zaume halten. Wo es doch mehrere
Gänsehautsagen aus dem Süntel gibt. Zum Beispiel diese:

Der Raubritter von der Katzennase

Auf der 350 Meter hohen Katzennase, nordwestlich des Süntel-
turms, stand in alten Zeiten eine Burg, in der ein böser Raubritter hauste. Durch seine Räubereien versetzte er das ganze Wesertal
in Schrecken. Mit seinen Knechten fiel er über die Reisenden
her, plünderte ihre Wagen und warf die Kaufleute in das dunkle
Burgverlies. Konnten sie sich nicht freikaufen, erlöste nur der
Tod sie von den Qualen. Bis heute findet der Raubritter im Grab

keine Ruhe. In der Geisterstunde reitet er auf einem Schimmel durch den Wald, begleitet von einem großen Hund mit glühenden Augen ...

Wie gut, dass wir am helllichten Tage unterwegs sind. Wir reißen uns aus der Sagenwelt, denn wir kommen wieder an eine beschilderte Wegekreuzung und gehen Richtung Klein Süntel. In Klein Süntel schlagen wir den Weg zurück zum Bahnhof ein, den wir morgens in umgekehrter Richtung gekommen sind. Berg und Buche – einmal ist nicht genug. Es gibt noch andere Sagen vom Süntel – wir kommen wieder.

Thomas Engelbrecht

Informationen:
Über Ausflugsziele im Weserbergland informiert GeTour GmbH, Tourist-Information, Hannoversche Str. 14a, 31848 Bad Münder, Tel. 0 50 42/92 98 04, Fax 0 50 42/ 92 98 05, info@bad-muender.de, www.badmuender.de
Ausführliche, aber etwas hausbackene Süntel-Infos unter www.hoefingen.net/suentel/
Waldgaststätte Süntelturm, Im Süntel, Tel. 0 50 42/ 42 58, Sommer 10.00–18.00, Winter 10.00–17.00, Fr Ruhetag. Ist Do ein Feiertag, auch Fr Ausschank. Einfache Küche, aber zünftige Atmosphäre. Man kann draußen unter Bäumen sitzen. Turmbesteigung: Erwachsene 0,50 €, Kinder 0,25 €. Achtung: Der ansonsten freundliche Wirt hat was dagegen, dass man auf den Außenplätzen mitgebrachten Proviant verzehrt.
Restaurant Bergschmiede, am Osthang, nahe Bad Münder, Tel. 0 50 42/5 20 08, 10.00–18.00, Mo Ruhetag. Gutbürgerliche Küche, wunderschöner Kaffeegarten.

Buchtipp:
Udo Mierau: Unterwegs im Deister-Süntel-Tal. Ein heimatkundlicher Streifzug, Bad Münder 2000.

Karten:
Topografische Karte, Blatt 3822 Hameln, Niedersächsisches Landesverwaltungsamt, 1:25 000.
Topografische Karte, Naturpark Weserbergland (mit Wanderwegen), Landesvermessung und Geobasisinformation Niedersachsen (LGN), 1:50 000.

21 Neidköpfe gegen den bösen Blick

Tour: Spaziergang durch die Altstadt von Hameln. Man kann sich in der Tourist-Information mit Prospekt- und Kartenmaterial versorgen, um anschließend die architektonischen Sehenswürdigen aus fünf Jahrhunderten systematisch abzuklappern. Man kann aber auch ohne einen Tourenplan durch die Gassen schlendern und sich treiben lassen. Die historischen Baudenkmäler stehen so dicht beieinander, dass man die meisten einfach nicht verfehlen kann.

Dauer: 2 Std. reichen aus, um die Altstadt zu genießen und ihre rund 20 Sehenswürdigkeiten zu besichtigen. Weitere Zeit einplanen für eines der vielen Straßencafés oder Restaurants.

Familie: Das Märchen vom Rattenfänger ist für Kinder natürlich faszinierend. Die Kleinen staunen über die Rattenfänger-Spieluhr im Hochzeitshaus. Die Weserrenaissance ist eher ein Thema für Erwachsene.

Saison: Stadtspaziergänge auf eigene Faust ganzjährig (geführte Stadtrundgänge siehe Informationen).

Besonderheiten: Rattenfänger-Spieluhr am Hochzeitshaus tägl. 13.05, 15.35 und 17.35. Rattenfänger-Freilichtspiel auf der Hochzeitshausterrasse (30 Min.) 12. Mai–15. Sep So 12.00, kostenlos. Musical »Rats« auf der Hochzeitshausterrasse (40 Min.) 8. Mai–18. Sep Mi 16.30, kostenlos.

Varianten: 1-stündige Weserrundfahrt mit der Oberweser-Dampfschifffahrt.

Anfahrt: *ÖPNV*: S4 oder S5 von Hannover nach Hameln. *Kfz*: Die B217 endet vor den Toren der Hamelner Altstadt. Am Rande des historischen Stadtkerns mehrere Tiefgaragen und Parkhäuser.

Es gibt nicht viele Städte, die gleich aus zwei Gründen berühmt geworden sind. Hameln verdankt seine Bekanntheit dem Weserrenaissance-Baustil, der im Stadtkern und in der Umgebung der

Stadt in großer Geschlossenheit zu bewundern ist. Und zweitens kennt natürlich jedes Kind die Sage vom Rattenfänger, der einst 130 Kinder mit seinem magischen Flötenspiel auf Nimmerwiedersehen entführt haben soll. Jahrhundertelang wurde diese Geschichte mündlich überliefert, bis die Gebrüder Grimm sie im 19. Jahrhundert schriftlich festhielten. Seither wurde sie in 30 Sprachen übersetzt. Deshalb ist die pittoreske Stadt an der Weser weltberühmt. Selbst Touristen aus Japan machen sich in der Altstadt Hamelns auf die Suche nach den Spuren des Rattenfängers.

Wir müssen glücklicherweise nicht um den halben Globus anreisen, sondern erreichen die Stadt bequem mit der S-Bahn. Vom Bahnhof sind es rund 15 Minuten zu Fuß in die Altstadt. Wir gehen über den Busbahnhof. Der Bahnhofsplatz dahinter ist ein Kreisverkehr. Wir passieren ihn halbrechts und gehen die Bahnhofstraße hinunter. Wir stoßen auf die stark befahrene Deisterallee und gehen links herum. Am Ende der Deisterallee trennt uns nur noch ein Fußgängertunnel von der Altstadt. Rechts steht ein solararchitektonisch angelegtes Gebäude, ein Glaskubus, in dem die Tourist-Information untergebracht ist. Wer sich auf

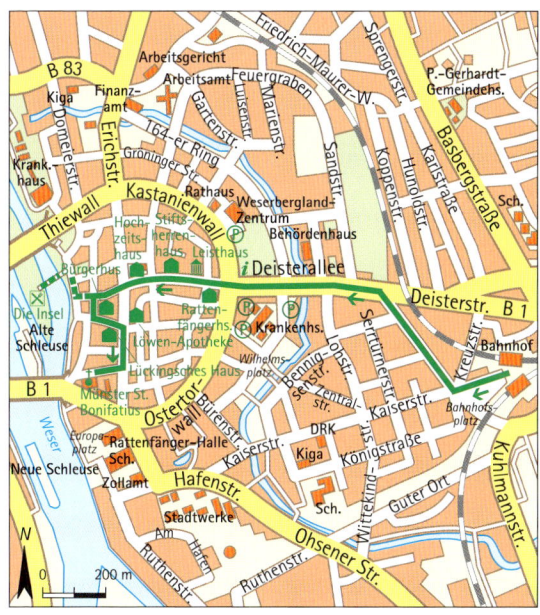

seinen Besuch noch vorbereiten möchte, findet hier freundliche Mitarbeiter und ausführliche Informationen.

Stilles Gedenken an 130 entführte Kinder

Wir wissen schon Bescheid und tauchen gleich ab in die Unterführung, die uns wie ein »time tunnel« in die Geschichte zu saugen scheint. In der Osterstraße tauchen wir wieder auf. Von ihrer Mitte aus können wir gleich mehrere der beeindruckendsten Häuser Hamelns bewundern. Gleich links am Eingang der Osterstraße empfängt uns das Rattenfängerhaus, so benannt nach einer Inschrift vom Kinderauszug. In einem Fachwerkbalken an der rechten Seite des großen Gebäudes ist zu lesen: »Anno 1284 am Dage Johanni et Pauli, war der 26, Junii, dorch einen Piper, mit allerlei Farve bekleidet gewesen CXXX Kinder verledet, binnen Hamelen gebon to Calvarie be den Koppen verloren.« Die Inschrift können wir sehen, wenn wir um die rechte Hausecke in die Bungelosenstraße gehen. »Bunge« ist das altdeutsche Wort für Trommel. Man ging ohne Trommel und ohne Musik zu machen durch diese Gasse, in stiller Erinnerung an den schlimmen Tag, da der Rattenfänger die Kinder entführte. (Übrigens weil die Hamelner Bürger den versprochenen Lohn nicht zahlten, nachdem er die Stadt von der Rattenplage befreit hatte.)

Am Rattenfängerhaus können wir gleich die ganze Prachtentfaltung der Weserrenaissance genießen. Das 1603 errichtete Gebäude ist ein Fachwerkbau mit einer Sandsteinfassade. Das war typisch für die Weserrenaissance: Die Fassade des Hauses musste aus Sandstein sein. Darin verewigten die Steinmetze ihr ganzes Können. Die gesamte Front des Rattenfängerhauses ist mit kleinteiligen Zierformen geschmückt. Die behauenen Fassadensteine haben das Muster eines Waffeleisens. Typisch für die Weserrenaissance ist auch das großzügige Rundportal. Ein weiteres Merkmal dieser Modebewegung der wohlhabenden Stadtbürger des 16. Jahrhunderts ist die ausgeprägte horizontale Linienführung.

Häuser aus fünf Jahrhunderten

Wir gehen ein paar Schritte weiter die Osterstraße entlang. Ende des 19. Jahrhunderts wurde hier die kaiserliche Post gebaut, und noch zu dieser Zeit ließ die Reichspost ihr Haus an die Weserrenaissance anpassen – alles nur Fassade, möchte man in diesem

Die Ornamente im Fachwerk
des Bürgerhus' verraten den
Einfluss der Weserrenaissance.

Fall sagen. Die Post besitzt das große Portal, die so genannten
Zwerchhäuser auf dem Dach und die waagerechten Linien. In der
Osterstraße schreiten wir Bausubstanz aus über 500 Jahren ab.
Auf der einen Seite gotische Häuser, also Vorrenaissance, und
gegenüber ein Kaufhaus, entstanden nach dem Zweiten Weltkrieg.
Daneben Fachwerkhäuser aus dem 18. und die Post aus dem
19. Jahrhundert. Wir treffen in Hameln also nicht nur auf die
kunstvollen Zeugnisse der Weserrenaissance, sondern auf ganz
unterschiedliche Baustile. Noch ein paar Schritte und wir stehen
vor zwei makellosen Schönheiten der Weserrenaissance: das
Leisthaus (seit 1912 Museum), ein Fachwerkgebäude mit kunst-
voller Steinfassade und filigranem Schmuck auf Giebel und Erker, und links daneben das Stiftsherrenhaus, ein Fachwerkhaus
mit reichen Schnitzereien und üppigem Bilderschmuck. Beide Häu-
serfronten ähneln alten Büchern, die tiefgründige Geschichten von
ewigen menschlichen Erfahrungen erzählen. Zum Beispiel vom
Neid. Als die wohlhabenden Bürger Hamelns vor 500 Jahren ihre
Fassaden so herausputzten, zogen sie nicht nur Bewunderung,

sondern auch den Neid derer auf sich, die weniger besaßen. Vor dem bösen Blick und den Verwünschungen armer Schlucker sollten die Neidköpfe schützen, die zahlreich auf Fassaden und Giebeln ihre grimmige Visage zeigen.

Am Ende der Osterstraße steht das Hochzeitshaus, der letzte große Weserrenaissance-Bau, der in Hameln von 1610–1617 entstanden ist. Es war ein Festsaalbau für die Bürger der Stadt. Wenn man hier Feste feierte, sprach man von der »hohen Tied«, der hohen Zeit. Daraus wurde im Laufe der Zeit »Hochzeit«, und seit etwa 30 Jahren befindet sich das Standesamt im Haus. An diesem Gebäude ist der Wille des Bauherren zu erkennen, ein einheitliches Weserrenaissance-Bild zu schaffen. Konsequent wird die Horizontale durch die Rauhbänder im Bossensteinmuster betont.

Der Rattenfänger spielt täglich

An dieser Stelle haben wir besonderes Glück, denn wir kommen gerade rechtzeitig, um der Rattenfänger-Spieluhr zuzusehen. Begleitet von Glockenklang und Flötenspiel öffnen sich in der Fassade des Hochzeitshauses kleine Metalltüren, und heraus kommt der Rattenfänger. Ein mechanisches Puppenspiel in zwei Akten. Vor dem Haus werden im Sommer an jedem Sonntag auch die Rattenfänger-Freilichtspiele aufgeführt. 80 Darsteller in historischen Kostümen spielen, wie es zum Auszug der Hämelschen Kinder kam.

Heute ist nicht Sonntag, also gehen wir links die Bäckerstraße hinunter und gleich wieder rechts in die schmale Fischpfortenstraße. Im Mittelalter endete diese Gasse bei einem kleinen Durchgang in der Stadtmauer, die den Weserfischern vorbehalten war. Sie konnten so in aller Frühe zum Fischfang aufbrechen, wenn die Stadttore Hamelns noch geschlossen waren, und die Bürger der Stadt konnten ruhig weiterschlafen. In der Fischpfortenstraße kommen wir an einem altersgebeugten Fachwerkhaus vorbei, in dem Wilhelm Busch einst bei Verwandten zu Gast war.

Prächtig herausgeputztes Fachwerk

Wir wenden uns links in die Kupferschmiedestraße. Am Ende steht das Bürgerhus, ein aufwändig restauriertes Fachwerkhaus, das im Türsturz die Jahreszahl 1560 trägt. Erbaut wurde es als Durchgangsdielenhaus, man konnte also einst mit Pferdewagen hindurchfahren. Heute finden wir darin das sehr empfehlens-

werte Restaurant *Kartoffelhaus*. Wir gehen links um das Bürgerhus herum, die Wendenstraße hinunter. So kommen wir am
prächtigen Lückingschen Haus von 1638 vorbei, das einst einem reichen Ackerbürger gehörte. Ein besonders schönes Beispiel für die Holzbaukunst des 17. Jahrhunderts in Hameln.

Wir sind zurück auf der Bäckerstraße, der breiten Nord-Süd-
Verbindung durch die Altstadt. Hier reihen sich Straßencafés und
Restaurants aneinander. Wir können also jederzeit eine Pause
einlegen. Direkt gegenüber steht die Löwenapotheke, eines der
mittelalterlichen Steinhäuser in der Bäckerstraße. Es ist ein zier-
loser frühgotischer Bau, doch mit einem nachträglich angebau-
ten Accessoire der Weserrenaissance. Das Haus hat einen
schlichten, bodenständigen Erker, die so genannte Utlucht. Die
Utluchten sind wesentliche Schmuckelemente der Weserrenais-
sance-Fassaden.

Noch ein Stück weiter die Bäckerstraße hinab kommen wir
rechts in den Münsterkirchhof. Hier steht Hamelns prächtiges
Gotteshaus, das Münster St. Bonifatius. Seine Ursprünge gehen
auf das Jahr 850 zurück. Damals gründete die Benediktinerabtei
Fulda unweit des schon bestehenden Dorfes Hameln ein Neben-
kloster: die Keimzelle der Rattenfängerstadt. Besonders zu empfehlen ist ein Besuch der Krypta aus dem 12. Jahrhundert. Schon
auf der Straße vor der Kirche ist es plötzlich viel ruhiger als auf
der trubeligen Bäckerstraße. In der kühlen, stillen Kirche können wir in Gedanken unseren Spaziergang auf den Spuren des
Rattenfängers Revue passieren lassen.

Hier entlassen wir die Leser aus unserer geführten Tour. Von
jetzt an können Sie sich nach Lust und Laune durch die engen
Gassen der Altstadt treiben lassen. Die Wege sind kurz und man
findet immer wieder zum Ausgangspunkt, der Osterstraße, zurück.

Thomas Engelbrecht

Informationen:

Hameln Marketing & Tourismus GmbH, Deisterallee 1, 31785
  Hameln, Tel. 0 51 51/95 78 23, Fax 0 51 51/95 78 40,
  www.hameln.de/touristinfo, touristinfo@hameln.de,
  Stadtführung (ohne Anmeldung) 1. Apr–31. Okt tägl.
  15.00, So und Fei zusätzlich 10.15, 1. Nov–31. März
  nur Sa 15.00 und So 10.15. Dauer ca. 60 Min. Preis:
  Erwachsene 3,50 €, Kinder (bis 12 Jahren) 1,50 €.

Oberweser-Dampfschifffahrt GmbH, Deisterallee 1, 31785 Hameln, Tel. 0 51 51/93 99 99, Fax 0 51 51/9 39 99 33, info@weserschifffahrt.de, www.weserschifffahrt.de, Weserrundfahrt Mai–Sep Di–So 10.00, 11.15, 12.30, 13.45, 15.00 und 16.15. Fahrpreis: Erwachsene 6 €, Kinder (6–15 Jahre) 3 €. Der Schiffsanleger liegt am Rande der Altstadt. Wir erreichen ihn über die Bäcker-straße Richtung Münsterwall. Am Ende stoßen wir auf einen Fußgängertunnel mit Wegweisern zum Schiffs-anleger.

Die Insel (Restaurant, Café, Biergarten), Inselstr. 6, 31787 Hameln, Tel. 0 51 51/5 99 99, Apr–Sept ab 11.00, Okt–März Mo, Mi–Sa ab 17.00, So ab 11.00. Das Restau-rant liegt auf einer Weserinsel mit Schachtschleuse von 1734. Man erreicht es über eine Fußgängerbrü-cke neben der Pfortmühle. Den Aufenthalt untermalt Weserrauschen durch ein breites Wehr.

Kartoffelhaus, Kupferschmiedestr. 13, 31785 Hameln, Tel. 0 51 51/2 23 83, www.kartoffelhaus-hameln.de, Di–Sa 11.30–14.30, 18.00–22.30, So 11.30–14.30, 18.00–21.00. Hier lässt es sich urig-gemütlich speisen. Der Name ist Programm in einem der ältesten Fachwerk-häuser der Stadt.

Extras:
Die Glashütte Hameln (mit Galerie und Verkauf), Am Pulverturm 1, 31785 Hameln, Tel. 0 51 51/2 72 39, Fax 0 51 51/2 72 40, www.glasblaeserei.de, Mo–Fr 9.30–13.00 und 14.00–18.00, Sa 9.30–16.00, So und Fei 10.00–17.00. Eintritt: Erwachsene 1,50 €, Schüler 1 € (Kinder bis 6 Jahre frei). Schauen Sie Glasbläsern in einem der zwei verbliebenen Wehrtürme am Nord-rand der Altstadt bei ihrem Kunsthandwerk zu.

Buchtipp:
Sagenhaftes Hameln. Ein Rundgang durch die Rat-tenfängerstadt, Hameln 1990.

Ith vertikal: felsiges Geschmuse

Tour: Geführte Klettertour für sportliche Anfänger im Ith bei Lüerdissen an der Westkante des Fels Nr. 10, dem Haderturm. Großgriffige Kraxelei in schönem, rauem Kalk mit Überhang und abschließendem Kantenfinale in 20 m Höhe. Schwierigkeitsgrad 5+. Voraussetzungen: Normal bewegliche Ausflügler ohne Scheu vor direktem Bergkontakt und extremer Höhenangst können ohne Vorkenntnisse unter sachkundiger Anleitung (!) an diesem Fels ihre Kräfte und Kletterkünste messen.

Dauer: Inkl. An- und Abfahrt Tagesausflug.

Saison: Ganzjährig, am schönsten im Herbst mit seinem bunten Farbenspiel der fallenden Blätter und den oft nebelverhangenen Tälern. Bei Frost und Regen nicht möglich.

Besonderheiten: Ausrüstung (Klettergurte, 55 m Seil, Helme, Expressschlingen, Sicherung mit HMS, GriGri oder Achter, Bohrhaken und Keile) stellt der Klettermeister. Kleidung: Kletterschuhe oder feste Turnschuhe, bequeme Hose, die Bewegungsfreiheit garantiert, unbedingt ein warmer Zusatz-Pullover, sonst unempfindliche Kleidung nach Witterung. Warmer Tee, Kekse und Bananen haben sich als Proviant bewährt.

Varianten: Geführte Klettertour für Fortgeschrittene wenige Kilometer weiter bei Holzen am Fels Nr. 4, dem Drachentöter. Lange, ausdauernde Kletterei alpinen Charakters mit Traverse und Dach (Crux) als Abschluss in 25 m Höhe. Sie wird mit einer fantastischen Gipfelaussicht über die Dächer von Holzen belohnt. Schwierigkeitsgrad 7. Voraussetzungen: Die Teilnehmer dieser Tour sollten bereits über Klettererfahrungen verfügen. Weitere geführte Touren sind nach Absprache mit dem Klettermeister im Ith und anderswo möglich.

Anfahrt: Nur *Kfz*: B 3 mit Abfahrt Eime verlassen und Richtung Eschershausen fahren. Hinter Capellenhagen auf den Ithpass, dort nach dem Hotel gleich rechts auf einem unbefestigten, für Anlieger freien Weg zum Parkplatz am privaten Campingplatz des Deutschen Alpenvereins fahren.

Anfahrt Variante: Über den Ithpass nach Eschershausen, dort links nach Holzen und auf der Hauptstraße weitere ca. 500 m zum Parkplatz im Wald (Treffpunkt) fahren. Mit dem Klettermeister zu Fuß ein kleines Stück zurück, dann steil rechts den Berg hinauf und nach 300 m rechts ab zum schmalen Pfad hinauf zur großen kompakten Drachenwand, dort rechts zum Einstieg.

Korallen gründen den Ith

Mancher mag es nicht glauben und kontert gleich: Klettern und Kraxeln bei Hannover, das ist doch wie Wellenreiten auf dem Ententeich bei Flaute! Zugegeben, auch die höchsten Anhöhen nahe der Landeshauptstadt geben keinerlei Anlass zum Höhenrausch oder gar Hecheln in dünner Luft. Doch nur 50 Kilometer südlich vom Zentrum finden wir tatsächlich Felswände, die uns Flachländern ein gewisses Quäntchen Gebirgsfeeling spüren lassen. Das imposante Großgestein gehört zum Ith. Vor 150 Millionen Jahren schlummerte der heutige Höhenzug noch in der brausenden Brandung einer Meereslagune des Niedersächsischen Beckens. Runde Ammoniten und bis zu 16 Meter lange Seelilien tummelten sich im Wasser, während am Ufer der plumpe Urvogel Archaeopterix erfolglos Flugversuche unternahm. Währenddessen wuchsen in der Lagune zuhauf vielschalige Korallen zu Riffen, die im Laufe von Jahrmillionen versteinerten und so noch heute ihre ursprüngliche Gestalt dokumentieren. Am Aussehen der geologischen Schichtstufenlandschaft des Mittelgebirges feilten lange die Naturgewalten. Erst die Hebung und Abtragung der Gesteinsschichten und die Verschiebung der Kontinente in ihre heutige Position verpassten dem Ith und jedem seiner hohen Nachbarn seine eigene Gestalt. So birgt heute jeder Berg seine Eigenheiten. Der Ith hat sich als schmaler Grat und längster Klippenzug Niedersachsens in Nordwest-Südost-Richtung postiert. Zwischen raren Artengemeinschaften wie Ahorn-Eschen-Schluchtwäldern, Steilhang-Buchenwäldern, offenen Fels- und

Hochstaudenfluren siedeln hier viele seltene Tier- und Pflanzenarten. Im Frühling wuchern Lerchensporn, Maiglöckchen, Buschwindröschen und Bärlauch. Uns verführt der Ith zur Erkundung kultiger Höhlen – und zur Kletterei.

In der »Buchenhalle« blinzelt die Sonne auf Felsgestein

Als Neulinge auf dem Kletterterrain wollen wir am Haderturm eine erste Kontaktaufnahme mit dem Fels wagen. Auf dem Parkplatz hinter dem Pass am Campingplatz treffen wir Martin, unseren Klettermeister. Gut gelaunt begrüßt er uns und lässt ein Frösteln in der frischen Herbstluft erst gar nicht aufkommen. Sogleich werden wir mit allerhand Bergsteigergerät beladen. Helme, Seile, Gurte und Taschen sind dabei, mit leeren Händen macht sich niemand auf den Weg über die Wiese zum Westhang.

Kaum haben wir den blickdichten Waldrand passiert, finden wir uns in einer riesigen »Buchenhalle« wieder. Mausgraue, schlanke Stämme ragen wie Säulen kerzengerade endlos in die Höhe, tragen ganz hoch oben ein buntes filigranes Blätterdach. Sonnenstrahlen blinzeln hindurch und zucken über den weichen

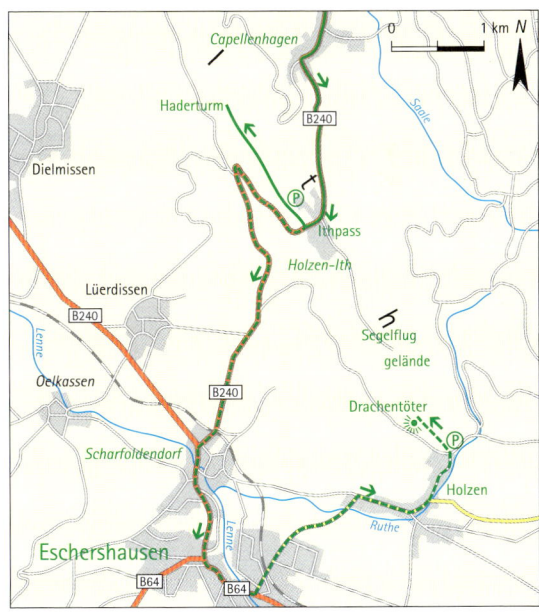

Helm und Seil sind Pflicht.

Waldboden. Ab und zu treffen sie auf graues Felsgestein. Mal manns-, mal haushoch wirken die überdimensionalen Findlinge wie hingestreut und irgendwie fehl am Platz. Spontan erinnern wir uns an Märchen und Sagengestalten. Haben die dicken Brocken vielleicht einst einen Riesen im Schuh gepiesackt, der sie hier unwirsch entlud?

Auf etwas glitschigem Pfad balancieren wir im Gänsemarsch eine kleine Weile am Hang entlang. Dann erhebt sich rechts neben uns abrupt ein Berg am Berg in die Höhe. Wir beginnen ihn zu umrunden und entdecken hinter der ersten Kurve eine steile Felswand, sind aber noch nicht am Ziel. Dorthin führt uns die letzten 100 Meter ein treppenartiger Aufstieg. Er endet auf einem ca. 15 Quadratmeter großen Vorsprung. Fast im rechten Winkel treffen hier zwei Felswände aufeinander. Uns stockt der Atem: Links hangelt sich ein Freeclimber unter einem Überhang entlang, klebt irgendwie unter dem Gestein, schwingt weiter. Wie sich diese Szene mit den Gesetzen der Schwerkraft vereinbaren lässt, bleibt uns heute ein Rätsel.

Im Nu ist der Meister oben

Skeptisch tasten wir den rechten, uns zugedachten Felsen mit unseren Blicken ab. Da sollen wir hinauf? Doch Martin macht uns Mut, will die Sache locker angehen.

Zum Klettern gehören immer zwei. Der Vorkletterer oder Kletterer und der Sicherer. Schnell ist klar: Martin klettert vor, Susanne soll die erste Sicherung übernehmen. Das Equipment wird verteilt. Martin steigt in seinen Sitzgurt. Die Konstruktion umschließt Bauch, Po und die Beine am Ansatz. Alle Gurte sind miteinander verbunden und enden oben in Hosenträgern. In die seitlichen Halteschlingen klinkt unser Meister noch einige Expressschlingen und Klemmkeile ein. Die braucht er unterwegs zur Sicherung. Vor dem Bauch befestigt er mit einem Achterknoten das Kletterseil am Gurt. Nun ist Susanne dran. Sie wird ebenfalls in einen Sitzgurt geschnürt, erhält aber statt des Knotens einen Schraubkarabiner vor dem Bauch. Durch ihn läuft das zweite Ende des Kletterseils. Beide setzen noch einen Helm auf, und schon turnt Martin in die Wand. Ganz leicht sieht es bei ihm aus. Geübt greifen seine Hände in geeignete Felslöcher und seine Füße finden die passenden Vorsprünge wie von selbst. Das Seil flutscht Susanne nur so durch die Finger. Schon hat Martin auf halber Strecke den ersten Umlenker erreicht, windet das Seil zur Sicherung in den fest verankerten Klemmkeil. Falls Martin abrutscht, wird der Umlenker mit Susannes Hilfe die Fallhöhe mindern. Doch natürlich kommt unser Klettermeister nach kurzem Zickzackkurs sicher oben an. Unterwegs hat er noch zwei Klemmkeile in Felsritzen verankert. Mit dem Kletterseil verbunden, dienen die mobilen Helfer ebenfalls als Fallbremse. Behände startet Martin den Abstieg. Susanne lässt peu à peu das Seil durch den Schraubkarabiner gleiten, bekommt ganz heiße Finger und hebt selbst fast ab. Ein Leichtgewicht sollte die Sicherungsaufgabe besser nicht übernehmen. Wie im Fahrstuhl gleitet Martin herab, aufrecht in seinem Gurt sitzend stößt er sich mit leicht gespreizten Beinen nur leicht am Felsen ab – und steht schon wieder neben uns.

Felskontakt mit Hindernissen

Rollentausch. Eberhard schlüpft in Martins Gurte, Leona in Susannes. Bei Eberhard wirkt die Kraxelei nicht ganz so elegant. Kein Wunder, ganz ohne Übung sind die entscheidenden Finger-, Arm- und Beinmuskeln schlicht untrainiert und das enge Geschmuse mit dem Fels ist schließlich ebenfalls gewöhnungsbedürftig. Immer wieder muss Eberhard mit Händen und Füßen nach Halt suchen, doch wieder umgreifen, auf dem Weg nach oben auch mal einen Schritt zurücktreten. Aber immerhin: Einige Meter trennen ihn schon von uns. An einer gemeinen Schikane, einem Querriff unter einem Fels mit leichtem Überhang, gibt er auf – aber erst nach vielen Versuchen, die Beule doch noch zu überwinden. Geschickt seilt Leona ihn mit Martins Hilfe auf den Boden ab. Nun darf sich Rebecca als Klettermäxin üben. Auch die 12-Jährige ist Neuling. Das können wir kaum glauben, denn »fix wie nix« ist sie bereits über die Hürde gekrabbelt, an der ihr Vater eben im Kampf gegen die Schwerkraft gescheitert ist. Nur wenige Male hängt Rebecca fest, weiß nicht weiter. Doch der Klettermeister hilft von unten, gibt Tipps zum Festhalten und zum Weitersteigen. Und dann ist sie plötzlich oben. Bass erstaunt applaudieren wir, selbst Martin ist beeindruckt. Da haben wir wohl ein Talent entdeckt!

Spaß gemacht hat es am Ende allen. Sicher war dies nicht unsere letzte Klettertour. Doch beim nächsten Mal starten wir mit noch einem Pullover und einer Kanne heißem Tee mehr im Gepäck. Denn hinter dem Felsen ist es auch an warmen Tagen kühl. Das bekommen vor allem die Wartenden zu spüren.

Christiane Baer-Krause

Informationen:
Klettertouren im In- und Ausland, Martin Olschewski, Nieschlagstr. 4, 30449 Hannover, Tel. 05 11/2 15 01 84, 01 75/1 73 67 28, msyemarten@htp-tel.de
Dt. Alpenverein Sektion Hannover e.V., Ellernstr. 16, 30175 Hannover, Tel. 05 11/28 21 31, Fax 05 11/ 8 11 21 83, www.alpenverein-hannover.de
Waldhotel-Café Humboldthof, Humboldthof 1, 31020 Salzhemmendorf-Wallensen, Tel. 0 51 86/3 67, Fax 0 51 86/94 12 11, info@humboldthof.de, www.humboldthof.de
Extras:
Burgmuseum in hist. Burganlage, Schlossstr. 1, 31863 Coppenbrügge, Tel. 0 51 56/82 92, Di 17.00–19.00, So 14.00–16.00, Burgführungen nach Vereinbarung. Das Museum widmet sich Ortsgeschichte und Naturkunde.

Naturdenkmal »Wasserbaum« bei Ockensen. Die weltweit einzigartige skurrile Brunnen-Kalkformation ist nur bedingt natürlich. Sie ist an einem 90 Jahre alten hölzernen Überdruckventil des einst ansässigen Sägewerkes gewachsen.

Freizeit- und Abenteuerpark Rasti-Land bei Benstorf, Quanthoferstr. 9, 31020 Salzhemmendorf, Tel. 0 51 53/9 40 70, info@rasti-land.de, www.rasti-land.de, Mai–Aug tägl. 10.00–18.00, Sep Mi, Sa, So 10.00–18.00, Apr und Okt tägl. 10.00–17.00.

Museumseisenbahn durch das Saaletal, Förderverein Kleinbahn VDD, Bahnhof 1, 31089 Duingen, Tel. 0 51 53/8 08 80.

Luftsportverein Ith Eschershausen für Segel- und Mitflieger, Vor dem Tore 8, 37632 Eschershausen, Tel. Geschäftsstelle 0 55 34/23 92, Tel. Flugplatz 0 55 34/24 53, lsvith@t-online.de, www.lsv-ith-eschershausen.de

Bademöglichkeiten:

Naturbadestrand Bruchsee mit Kiosk und Bootsverleih, Tel. 0 51 86/10 00 oder 01 73/8 66 07 24.

Humboldtsee mit Restaurant und Campingplatz, Tel. 0 51 86/95 71 40, Fax 0 51 86/95 71 39, www.ferienpark.de

Ith Sole Therme, In der Saale Aue, 31020 Salzhemmendorf, Tel. 0 51 53/50 92, Fax 0 51 53/50 96, info@ith-sole-therme.de, www.ith-sole-therme.de, tägl. 8.00–22.00.

Naturerlebnisbad Lauenstein, Hemmendorfer Landstr. 55, 31020 Salzhemmendorf, Tel. 0 51 53/52 50, www.naturerlebnisbad-lauenstein.de, Mai–Sep 9.00–19.00.

Thermal- und Solefreibad Wallensen, Knappenweg 3, 31020 Salzhemmendorf, Tel. 0 51 86/12 10, Mitte Mai–Mitte Sep Mo–Fr 14.00–20.00, Sa 12.00–20.00, So 12.00–19.00, Sommerferien tägl. 10.00–20.00.

Waldbad Osterwald, Salzburger Str. 1, 31020 Salzhemmendorf, Tel. 0 51 53/67 69, Mitte Mai–Mitte Sep Mo–Fr 14.00–19.00, Sa, So und Sommerferien 10.00–19.00.

Karten:

Wanderfreuden im Weserbergland, Gebiet Ith/Osterwald/
Kahnstein, 1:25 000 (erhältlich über Flecken Salzhemmendorf, Hauptstr. 2, 31020 Salzhemmendorf,
Tel. 0 51 53/8 08 80, Fax 0 51 53/8 08 36,
info@salzhemmendorf.de, www.salzhemmendorf.de
und Coppenbrügge, Schlossstr. 2, 31863 Coppenbrügge,
Tel. 0 51 56/7 81 90, Fax 0 51 56/70 27,
flecken@coppenbruegge.de, www.coppenbruegge.de).
Radwanderkarte Niedersachsen, Nr. 23 Hannovers Süden und Nr. 26 Solling und Umgebung, Karte mit Begleitheft, Landesvermessung und Geobasisinformation
Niedersachsen (LGN), 1:75 000.

Erleuchtungen

Tour: Einen Stadtbummel, Radeln übers Land, Spielen und Lernen im Grünen – das bietet die Radtour von Springe am Deister über Eldagsen nach Völksen. Wir fahren überwiegend auf ausgeschilderten Radwegen, Feldwegen oder wenig befahrenen Nebenstraßen, nur am Ende kurz auf einer stärker befahrenen Straße.

Länge: 18 km.

Dauer: Mindestens 4 Std., aus denen leicht ein Tagesausflug werden kann.

Höhenunterschied: Leichte, gut zu bewältigende Steigungen.

Familie: Für Familien gut geeignet. Kinder sollten sicher im Straßenverkehr sein.

Saison: Apr bis Okt, am schönsten im Sommer.

Varianten: Abstecher zur Göbel-Bastei mit Glühbirnen-Denkmal. Lohn für den Schweiß treibenden Aufstieg: ein Blick über Springe und das Land zwischen Großem und Kleinem Deister. Vom Göbel-Haus an der Ellernstraße vorbei in die Heinrich-Göbel-Straße bis zum Deisterpfortenweg. Dort rechts abbiegen und weiter fahren bis zur Straße Zum Ebersberg. Links abbiegen und geradeaus hochfahren in den Deister.

Anfahrt: *ÖPNV*: Von Hannover und Hameln mit S 5 bis Springe. *Kfz*: Über die B 217 bis zur Abfahrt Springe-Gewerbegebiet. Aus Richtung Hannover die Völksener Straße bis Kreuzung Bahnhofstraße fahren, hier rechts abbiegen zum Bahnhof und dort parken. Aus Richtung Hameln nach der Abfahrt zunächst rechts in die Oppelner Straße bis zur Kreuzung Völksener Straße fahren, dann weiter wie beschrieben.

Diese Entdeckertour durch Stadt und Land steckt voller »Erleuchtungen«. Eine entscheidende hatte Heinrich Göbel Mitte des 19. Jahrhunderts: Er erfand die elektrische Glühlampe – und ist doch nicht weltberühmt geworden. In seiner Geburtsstadt Springe suchen wir nach Spuren dieses technisch versierten, aber kaum bekannten Tüftlers. Dass Erleuchtungen nicht nur etwas für Erfinder sind, erleben wir im Energie- und Umweltzentrum Eldagsen. Auf diesem idyllisch gelegenen Fleckchen Erde gibt es jede Menge umweltfreundliche Technik zu entdecken – und noch viel mehr. Garten, Spielplatz, Wald und Bach versprechen »Naturerlebnis pur«.

Auf den Spuren eines verkannten Erfinders

Wir starten mit unseren Rädern am Bahnhof und fahren auf der Bahnhofstraße Richtung Innenstadt, folgen an der Ampelkreuzung dem Hinweis »Göbel-Haus« und biegen rechts ein in die Straße Zum Niederntor. Die verkehrsberuhigte Zone führt geradewegs in Springes Altstadt und am Alten Rathaus vorbei. Dort hält die städtische Tourist-Information jede Menge Wissenswertes über die Sehenswürdigkeiten der Stadt bereit. Beim hölzernen Ratsnachtwächter Heinrich queren wir in die Fußgängerzone Am Markt. Die ist nicht nur im Sommer ein Platz für Genießer. Gut erhaltene Fachwerkhäuser, Straßencafés, geschmackvolle Auslagen in kleinen Fachgeschäften und der Marienbrunnen verlocken zum Anhalten und Schauen. Wenn wir unser Rad weiterschieben, vielleicht mit einem Eis in der Hand, gehen wir geradewegs auf das Amtsgericht in der Straße Zum Oberntor zu. In einer Nische am Ostgiebel des grau-weiß gestrichenen Gebäudes entdecken wir sie, die markante Büste Heinrich Göbels. Ein »denkMal«, das Springer Bürger und Unternehmen dem Erfinder anlässlich seines 100. Todesjahres gesetzt haben. Nur wenige hundert Meter entfernt steht Göbels Geburtshaus. Wir gehen weiter, am Glockenturm vorbei, bis zu dem schlichten Fachwerkhaus mit der Nummer 30. Ein Bronzerelief mit ewig brennender Glühlampe erinnert daran, dass der experimentierfreudige Tüftler mit einer besonderen Vorliebe für physikalisch-technische Fragen hier am 20. April 1818 geboren wurde. 1848 hat Göbel seiner Heimat den Rücken gekehrt und ist mit seiner Familie nach Amerika ausgewandert. Dort gelang es dem gelernten Uhrmacher und Optiker 1854, in einer luftleeren Kölnisch-Wasser-Flasche verkohlte Bambusfasern zum Leuchten zu bringen. Die elektrische Glühlampe war erfunden. Allerdings konnte Göbel aus seiner Erfindung kein Kapital schlagen. Als Energiequelle stand ihm nur eine Batterie zur Verfügung und ihm fehlten Geld und Gönner, um seine Erfindung schützen zu lassen. 25 Jahre später ließ sich Thomas Alva Edison die Kohlefadenglühlampe patentieren – und gilt seither vielen als Erfinder der elektrischen Glühlampe. Wer sich nun auf die Straßenseite gegenüber dem Geburtshaus begibt und Richtung Deisterhang späht, kann ein überdimensionales Glühlampensymbol entdecken. Damit haben Springer Stadtväter 1954 an den 100. Jahrestag der göbelschen Erfindung erinnert. Ein Abstecher zur Göbel-Bastei ist allerdings nur Sportlichen zu empfehlen: Es geht ziemlich steil bergauf (siehe Variante). Wer es nicht so anstrengend mag, radelt zurück bis zum Amtsgericht, biegt rechts in die St.-Andreas-Straße ein und gelangt von dort durch eine Pforte auf den Kirchplatz der evangelisch-lutherischen St.-Andreas-Kirche. An einem üppigen Rosenbeet entlang kommen wir zur letzten Station unserer Spurensuche, der ehemaligen Knabenschule. Hier wurde Göbel 1832 in einem Zeugnis bescheinigt: »Scheint einen erfinderischen Geist zu haben.« Wer mehr über den hellen Kopf und seine Erfindung erfahren möchte, wird fündig bei Mitgliedern des Göbel-Stammtisches, einer Interessengemeinschaft von Göbelforschern und -freunden. Oder er macht einen Abstecher ins Heimatmuseum. Daran kommen wir vorbei, wenn wir vom Kirchplatz zur Burgstraße und dann rechts ab Richtung Eldagsen fahren.

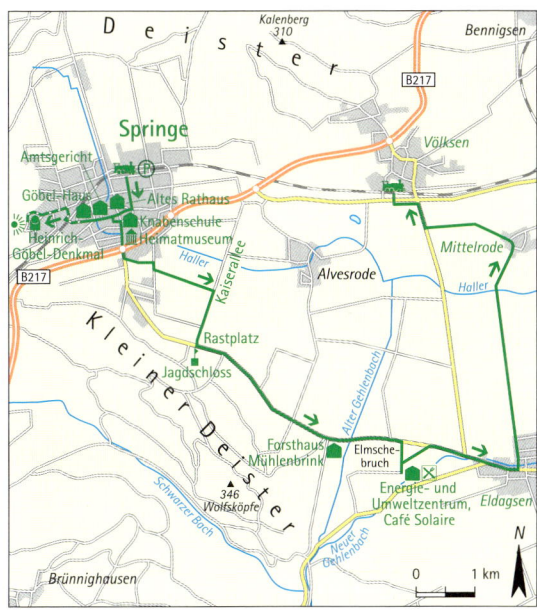

Wie zu Kaisers Zeiten

Kurz nach der Unterführung der B 217 biegen wir links ab in die Straße Auf dem Bruche. Hier ist kaum noch Verkehr. Auf ein Schulgelände folgen Wiesen und Sportplätze. An der Kreuzung Harmsmühlenstraße biegen wir rechts ab, fahren etwa 20 Meter, queren die Straße nach links und radeln nun auf einem Wirtschaftsweg, der uns durch Felder und Wiesen führt. Hier kann man seine Sprösslinge beruhigt fahren lassen und den freien Blick in das Land zwischen Großem und Kleinem Deister genießen. Schon von weitem ist eine quer zum Radweg verlaufende Kastanienallee zu erkennen: die Kaiserallee. Sie hat schon den Hannoverschen Königen als direkte Verbindung von der Hamelner Chaussee (heute B 217) zum Jagdschloss Springe gedient. Ihren kaiserlichen Namen erhielt die prachtvolle Allee jedoch erst unter dem preußischen König und späteren Kaiser Wilhelm. Der reiste mit der Bahn von Berlin an und stieg an einer eigens für ihn eingerichteten Sonderhaltestelle, der Kaiserrampe, aus, um dann über die Kaiserallee zum Jagdschloss zu fahren. Auch uns zieht es in diese Richtung, wir biegen deshalb rechts in die Kastanienallee ein und radeln im Sommer unter einem herrlich schattigen Blätterdach. Zum Kleinen Deister hin steigt die schnurgerade Allee zwar nur langsam, aber doch stetig an. Sie mündet in einen Rasenplatz unterhalb des Jagdschlosses. Dort erwarten

Idylle im Grünen – das Energie- und Umweltzentrum Eldagsen

uns Holztische und -bänke unter dem schützenden Blätterdach von Linden und Buchen, willkommene Gelegenheit für eine Verschnaufpause. Wieder bei Atem, schwingen wir uns in den Sattel und folgen der Straße nach Eldagsen durch das bewaldete Naturschutzgebiet Hallerbruch. Wenige hundert Meter nach dem Forsthaus Mühlenbrink beginnt rechter Hand der Elmschebruch. An dessen Ende queren wir die Straße und radeln direkt am Wald entlang zum Energie- und Umweltzentrum Eldagsen.

Solardusche gefällig?

Wer nach der Radtour verschwitzt auf dem Gelände des ehemaligen Landschulheims ankommt, kann sich in der warmen Jahreszeit ein einfaches, aber besonderes Vergnügen gönnen: eine Freiluft-Solardusche im Garten. So erfrischt, kann es losgehen mit einer Erkundungstour über das 18 000 Quadratmeter große Gelände. Wie wäre es z.B. mit einem Besuch im *Café Solaire*? Dort gibt es Kuchen mit Zutaten aus ökologischem Anbau und kleine Vollwert-Gerichte. Bei gutem Wetter wird auf der Terrasse vor dem Haupthaus serviert. Auch wenn man sich dort wie in einer grünen Oase fühlt: Kinder werden nicht lange Ruhe geben. Das Gelände lädt einfach zum Entdecken ein. Zum Beispiel der Garten hinter dem Haupthaus: Inmitten von alten Obstbäumen, Kräuterbeeten, Stauden und Beerensträuchern wartet eine tierische Überraschung. Zufrieden grunzend wühlen ungarische Wollschweine nach Fressbarem. Hier darf das Schwein noch Schwein sein! Eine Solarpumpe versorgt die Tiere mit Wasser aus dem nahen Gehlenbach, der am Rande des Grundstücks fließt. Für Kinder ist er ein wahres Experimentierfeld. Sie können Wasserproben untersuchen, Forellen fangen oder Staudämme bauen. Das Holz dafür finden kleine Baumeister im angrenzenden Elmschebruch. Es darf auch gezündelt werden, aber nur an der Grill- und Feuerstelle auf der Spielwiese. Die liegt auf der entgegengesetzten Seite des Grundstücks, in der Nähe des Besucherparkplatzes. Dort fallen sofort verschiedene fotovoltaische Solarstromanlagen ins Auge. Wie die Sonnenenergie in Strom umgewandelt und wofür dieser Strom genutzt wird, erklären Mitarbeiter des Umweltzentrums verständlich und anschaulich. Spannend und informativ ist auch eine Führung durch das Passivhaus. Es ist ausgestattet mit unterschiedlichen thermischen Solaranlagen zur Warmwasserbereitung – nicht nur zum

Besichtigen, sondern auch zu Schulungszwecken, z. B. für Handwerker. Wer wissen will, wie Wärmedämmung funktioniert oder eine Pflanzenkläranlage, der findet auch darauf anschauliche Antworten. Wem ein Nachmittag zu kurz ist, um sich über ökologisches Bauen, Solarenergie, Nahwärmeversorgung, Wasser und Abwasser zu informieren, der kann ein Zimmer im Niedrigenergie-Gästehaus mieten. Wer jedoch heimwärts muss, radelt wieder Richtung Eldagsen, biegt dort in die Brückenstraße und fährt etwa 3 Kilometer auf einer wenig befahrenen Nebenstraße nach Mittelrode. Wieder ist der Blick in das weite Land ein Genuss. In Mittelrode halten wir uns links, biegen in den Bokeroder Weg und fahren in dieser Richtung aus dem Ort heraus. An der Hauptstraße angekommen, heißt es aufpassen! Das letzte Stück bis zum Bahnhof Völksen müssen wir auf einer stärker befahrenen Straße radeln. Der Weg zum Bahnhof ist unmittelbar hinter der Straßen- und Bahnbrücke ausgeschildert. Wer Richtung Hannover fahren will, sollte schon vor den Brücken links die Südstraße hochfahren. Diese Zufahrt erspart Treppensteigen im Bahnhof.

Brigitte Lehnhoff

Informationen:

Tourist-Information der Stadt Springe, Zum Niederntor 26 (Altes Rathaus), 31832 Springe, Tel. 0 50 41/7 32 73, Fax 0 50 41/58 85, www.springe.de/springe.html, touristinformation@springe.de, Mo–Fr 8.00–12.00, Mo–Do 14.00–16.30, Fr 15.00–16.30, Sa 9.30–12.00.

Museum auf dem Burghof, Auf dem Burghof 1a, 31832 Springe, Tel. 0 50 41/6 17 05, Fax 0 50 41/6 35 36, www.museum-springe.de, info@museum-springe.de, Di–Fr 10.30–13.00, Di–Do 14.00–16.00, So 10.30–16.00, Führungen auch nach tel. Voranmeldung. Mit Ausstellungseinheit über Heinrich Göbel und die Erfindung der Glühlampe.

Heinrich-Göbel-Stammtisch, Paul Mittag, Göbelbastei 35, 31832 Springe, Tel. 0 50 41/49 95, Fax 0 50 41/97 24 41

Energie- und Umweltzentrum am Deister e.V., 31832 Springe-Eldagsen, Tel. 0 50 44/97 50, Fax 0 50 44/9 75 66, www.e-u-z.de, e-u-z@t-online.de, kostenlose Führungen jeden 1. Sa im Monat 11.00 und 14.00.

Café Solaire im Energie- und Umweltzentrum,
Tel. 0 50 44/9 75-62, Fax 0 50 44/9 75 66,
cafesolaire@gmx.de, www.e-u-z.de/cafe/, Sa, So
14.00–18.00, bei Kulturveranstaltungen bis 22.00, nach
Absprache auch außerhalb der Öffnungszeiten. Jeden
1. So im Monat 11.00–14.00 Vollwert-Brunch, Mo–
Mi Waldkindergruppe 14.00–17.00.

Buchtipp:
Faltblätter zu den Sehenswürdigkeiten der Stadt gibt
es in der Tourist-Information. Gegen eine geringe
Schutzgebühr ist dort auch die Broschüre »Wandern
und Radwandern in Springe« erhältlich (mit Karten
sowie geologischen, historischen und kulturellen Informationen).

Karte:
Wander- und Freizeitkarte, F5 Deister (mit Begleit-
heft), Landesvermessung und Geobasisinformation
Niedersachsen (LGN), 1:40 000.

155

24 Ein Sommerschloss zum Geburtstag

Tour: Auto- oder Busfahrt zum Schloss Marienburg bei Nordstemmen.

Dauer: Etwa 2 Std., wenn man die einstündige Führung durch das Schlossmuseum mit einer Wanderung auf dem Schulenburger Berg verbindet.

Familie: Kinder finden hier einen anschaulichen Zugang zur (Heimat-)Geschichte.

Saison: Ganzjährig, am schönsten aber im Sommer, weil das Schloss nicht beheizt wird.

Varianten: Die Überreste der Feste Calenberg liegen etwa 6 km von der Marienburg entfernt. Anfahrt über Schulenburg, von dort in Richtung Hildesheim über die Leine-Brücke. Kurz danach dem Hinweis zur jederzeit zugänglichen Festungsanlage folgen.

Anfahrt: *ÖPNV:* Linie 300 ab Hannover-Hbf./Ernst-August-Platz bis Pattensen-ZOB. Dort weiter mit Linie 310 bis zur Haltestelle Marienburg/Abzweig Nord. Zur Burg sind dann noch 2 km Fußweg an wenig befahrener Straße zurückzulegen (Höhenunterschied 170 m). *Kfz:* Von Hannover über die B 3 Richtung Pattensen/Elze. In Höhe der Ortschaft Adensen nach links abbiegen Richtung Schulenburg/Schloss Marienburg. Parkplätze in unmittelbarer Nähe des Schlosses.

Blanke Ritterrüstungen, alte Waffen, Gemälde bekannter Meister und kostbares Mobiliar machen 700 Jahre Welfengeschichte anschaulich. Der Rundgang durch das Schlossmuseum ist abwechslungsreich, aber nicht überfrachtet. Er macht Lust, tiefer in die Geschichte des Herrschergeschlechts einzusteigen, das über Jahrhunderte auch die Geschichte des heutigen Landes Niedersachsen geprägt hat.

Ein ganz besonderes Geschenk

Die Uhrenattrappe zeigt auf drei, eine Dreiviertelstunde dauert es noch bis zur nächsten Führung. Zeit genug also für einen

Erkundungsgang rund um das Schloss. Wir gehen von Norden nach Osten, an der mit Stacheldraht bewehrten Mauer entlang, bis das Gelände plötzlich steil abfällt. Vorsichtig steigen wir einen unbefestigten, ausgetretenen Weg hinunter, entlang an hohen, bemoosten, fast senkrechten Böschungsmauern. Der abwehrende Eindruck täuscht. Wir stehen nicht vor einer mittelalterlichen Ritterburg. Schloss Marienburg war ein Geburtstagsgeschenk Georgs V., des letzten Königs von Hannover, an seine Gemahlin Königin Marie. Von 1858 bis 1867 ist das Schloss auf einer vorgeschichtlichen, noch heute sichtbaren Wallanlage erbaut worden. Es wurde in neugotischem Stil nach den Plänen der Architekten Conrad Wilhelm Hase und Edwin Oppler errichtet. Für den Standort Schulenburger Berg hat sich Georg V. aus familiären und landschaftlichen Gründen entschieden. Ganz in der Nähe liegt die Feste Calenberg, einst Residenz der Welfenherzöge. Und die Aussicht auf das Calenberger Land mit dem Flusslauf der Leine, bewaldeten Höhen, fruchtbaren Äckern und grünen Wiesen ist einmalig. Bei unserem Rundgang um die Schlossmauern sehen wir davon allerdings nichts. Die steil abfallende Böschung ist dicht bewaldet. Auch das Schloss ist gegen

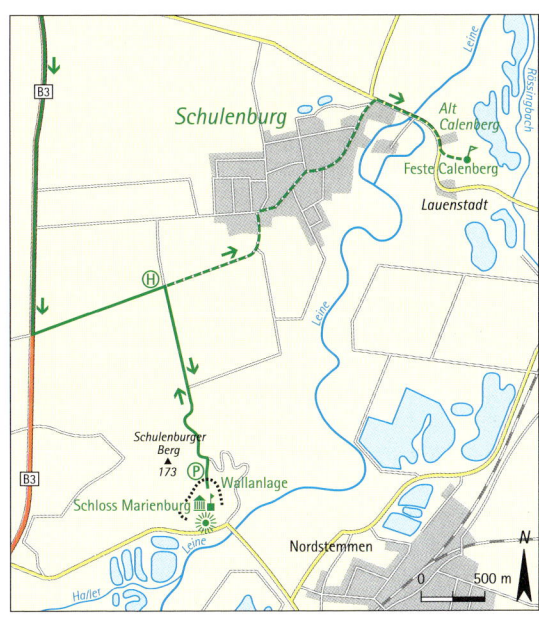

Blicke gut abgeschirmt. Nur Türme und Giebel ragen über die Brüstungsmauern. Wir sind wieder auf der Nordseite angelangt. Dort ist die Gesellschaft der wartenden Ausflügler auf rund 30 angewachsen. Pünktlich um 15 Uhr öffnet sich ein Tor und eine junge Dame bittet zur Führung.

Ross und Reiter kennt fast jeder

Als wir im Innenhof stehen, ist von dem abweisenden Charakter der Außenmauern nichts mehr zu spüren. Sechs offene Torbögen prägen den Nordflügel aus hellbraunem Sandstein, über ihnen laufen zwei Holzbalkone entlang, geschmückt mit leuchtend roten Geranien. Um das Scheintor in der Mitte rankt sich das Grün alter Weinstöcke. Wir haben nicht viel Zeit, diesen Anblick zu genießen, die Schlossführerin lotst uns bereits zum Südflügel. Über wenige Treppenstufen erreichen wir die Eingangshalle. Alles in diesem hohen, kühlen Raum atmet Geschichte: der kunstvoll gekachelte Fußboden, die Säbel, Degen und Armbrüste hinter Glas, Gemälde an den Wänden. Von den Treppenaufgängen herabhängende Fahnen erinnern an berühmte Schlachten wie die bei Waterloo oder Langensalza. Auch eine Pferderüstung ist hier zu bestaunen. Und für Überraschung sorgt eine kleine schwarze Kanone. Blumen hat sie verschossen, nicht Pulver. Die beiden schlichten Holzschilde an den frei stehenden Säulen fallen uns zunächst gar nicht auf. Wahrscheinlich stammen sie aus dem 12. Jahrhundert, der Zeit der Kreuzzüge, und wären damit die ältesten Ausstellungsstücke. Schließlich lenkt die Führerin unsere Aufmerksamkeit auf eine Kommode in der Mitte der Halle. Eine Reiterstatue steht darauf. Und fast jeder erkennt Ross und Reiter sofort: König Ernst August von Hannover zu Pferde, wie er in Lebensgröße vor dem Hannoverschen Hauptbahnhof steht.

»Durch die Lappen gegangen«

In dicken Filzpantoffeln ziehen wir weiter. Das schont die kunstvoll verlegten Parkettböden. Ob wirklich in jedem der 160 Räume ein anderes Muster verlegt ist? Jedenfalls können wir in den 20 Räumen, die der Öffentlichkeit zugänglich sind, über den Einfallsreichtum nur staunen. Jetzt gibt es große Augen bei kleinen Besuchern. Blank polierte Ritterrüstungen umrahmen eine Ausstellung alter Feuerwaffen. Da liegt zum Beispiel eine 15 Kilo schwere Wallbüchse. Zwei Männer mussten sie tragen und zum

Romantisch thront die Marienburg über den Leine-Auen.

Schießen auf einen Erdwall legen. Die Saufeder war eine Kombinationswaffe zum Schießen und Stechen. Und das neunläufige Gewehr, erfahren wir, ist der Vorläufer des Maschinengewehres.

Auch ein großes Jagdgemälde verhilft uns zu neuer Erkenntnis. Oder wussten Sie schon, woher das Sprichwort »Der ist mir durch die Lappen gegang en« kommt? Von der Lapp-Jagd, bei der die Jagdgesellschaft das Wild durch Klappern in einen Kreis herabhängender weißer Laken trieb. Dort waren die verängstigten Tiere leicht zu erlegen. Was entwischte, war eben »durch die Lappen gegangen«.

Die Freude währte nicht lange

Wir sind im Kaminzimmer angekommen. Mitten im Raum steht ein Korkmodell der Marienburg. Ein Geschenk von Königin Marie an ihren Gemahl, damit der im Jugendalter erblindete Monarch wenigstens ertasten konnte, was er hatte erbauen lassen. Die angrenzende Zimmerflucht dürfen wir zwar nicht betreten, ein Blick auf die vollständig erhaltene Einrichtung ist aber gestattet. Hier pflegte die königliche Familie Geselligkeit. Auch heute noch geben die Nachkommen hier ein- bis zweimal im Jahr Empfänge.

Auf unserem Rundgang öffnen sich auch die Flügeltüren zur Bibliothek im Südwestturm. Der Blick fällt zuerst auf die markante Mittelsäule. Ihre Bögen tragen ein leuchtend blaues Gewölbe. Das zarte Blumenmuster darin ist jedoch nicht vollendet, wie wir bei genauerem Hinsehen feststellen. Der Grund: Die Bau- und Einrichtungsarbeiten mussten 1866 abgebrochen werden, als Preußen Hannover annektierte.

Über eine Wendeltreppe erreichen wir das Obergeschoss mit den Gästezimmern. Von dort genießen wir zum Abschluss unseres Rundganges den Blick in das weite Calenberger Land – und bedauern Königin Marie, die sich nur wenige Sommer an ihrem Geschenk erfreuen konnte.

Brigitte Lehnhoff

Informationen:
Museumsverwaltung Schloss Marienburg, Hauptstr. 1, 30982 Pattensen, Tel. 0 50 69/5 35, Fax 0 50 69/78 52, Führungen Di–Sa 10.00–12.00 und 13.00–18.00, So und Fei 10.00–18.00, letzter Einlass 17.00, 1. Dez–28. Feb nur Sa–So. Führungen für Vereine und Schulklassen in dieser Zeit auch wochentags möglich (Anmeldung Tel. 0 50 69/4 07).
Buchtipp:
Schloss Marienburg. Große Baudenkmäler Heft 178, 1998 (in der Marienburg erhältlich).
Karte:
Deutsche Ausflugskarte, Blatt 11 Rund um Hannover, Haupka Verlag, 1:100 000.

Im kosmischen Rhythmus **25**

Tour: Durch den Hämelerwald und die angrenzenden Felder wandern wir zum Gut Adolphshof und besichtigen den ältesten Ökobetrieb im Raum Hannover. Eine Führung (vorab Termin vereinbaren) informiert uns über die Grundlagen anthroposophischer Lebensweise, Landwirtschaft und Therapieansätze. Im Anschluss stärken wir uns mit hofeigenen Produkten. Zurück geht es durch den Hainwald, nach Lust und Laune noch mit einem Schlenker zum Waldsee.

Länge: Ca. 13 1/2 km.

Dauer: Neben der Wanderzeit noch ca. 2 Std. für Besichtigung und Führung auf dem Adolphshof einplanen.

Familie: Auf dem Adolphshof sind für Kinder vor allem die Tiere, am Waldsee die Spiel- und Bademöglichkeiten interessant.

Saison: Ganzjährig.

Besonderheiten: Kontakt mit Mist und Matsch ist nicht ausgeschlossen, Schuhe und Kleidung sollten beides vertragen!

Varianten: Der Rundweg lässt sich auch per Fahrrad bewältigen. Aber Achtung: Wiesen- und Feldwege sind Holperpartien, und im Hainwald kreuzen kleine Trockengräben den Pfad. Führen sie an nassen Tagen Wasser, müssen sich Radler in kleinerer Akrobatik üben.

Anfahrt: *ÖPNV:* Bahn Hannover–Braunschweig bis Bahnhof Hämelerwald. *Kfz:* Über die A 2 bis Abfahrt Hämelerwald, dort in den Ort hinein und hinter der Bahnunterführung rechts zum Bahnhofsparkplatz fahren.

Demeter-Landwirte, sind das nicht die »Hardliner« unter den Ökobauern? Ganz falsch ist diese Vorahnung nicht. Demeter-Bauern verzichten nämlich nicht nur auf Chemie und Gentechnik, sondern denken und arbeiten konsequent ganzheitlich. Basierend auf Erkenntnissen von Rudolf Steiner und Goethe gelten im biologisch-dynamischen Landbau seit über 70 Jahren klare Richtlinien. Zum Beispiel steigern Demeter-Bauern die Fruchtbarkeit ihrer Böden durch den Einsatz spezieller Präparate aus Heilkräutern, Mineralien und Kuhdung. Bei Saat und Ernte entscheidet der kosmische Rhythmus über den richtigen Zeitpunkt: Die Konstellation der Planeten zueinander muss stimmen. Die wesensgemäße Tierhaltung schreibt eine artgerechte Unterbringung, einen liebevollen Umgang und die Vermeidung von Stress vor. Bei der Veredelung von Demeter-Produkten sind Zusatzstoffe wie Nitritpökelsalz verboten. Unternehmerisch bildet die Demeter-Bewegung schließlich ein Netzwerk, das die anthroposophische Idee verbreiten, faire Preise und soziale Verbindlichkeiten sichern und den Menschen in seinem positiven Wirken stärken soll. Auf Gut Adolphshof in Hämelerwald leben und arbeiten Menschen und Tiere bereits seit über 50 Jahren unter dem Demeter-Zeichen.

Waldspaziergang mit Stippvisite auf Gut Schierke

Vom Bahnhof aus überqueren wir den P+R-Parkplatz und wandern parallel zur Bahn rechts in den Hämelerwald hinein. Er ist rund 850 Hektar groß. Zwischen Laubbäumen und Kiefern leben Reh- und Schwarzwild, Fuchs, Dachs und Hase. Nach ca. 1 1/2 Kilometern picken Hühner am Wegesrand. Sie gehören zu einer hier angesiedelten kleinen Hofstelle. Kurz darauf biegen wir an einer T-Kreuzung links ab und wandern immer geradeaus bis zur Waldhütte der Forstinteressengemeinschaft, die sich um die Pflege von Wald, Gräben und Wegen kümmert. An dieser Kreuzung gehen wir nach links weiter, an der nächsten Weggabelung nach rechts. Hinter einer Linkskurve passieren wir ein kleines Klärwerk und verlassen den Wald an der Bushaltestelle Hämelerwald-Wohnpark.

Scharf nach rechts gehen wir am Ortsrand entlang. Hinter dem letzten Haus biegen wir links ab und wandern auf einem privaten Grasweg unter Pappeln durch die Felder. In nicht allzu weiter Ferne dampft vor uns der Kühlturm des Kohlekraftwerks Mehrum. Daneben lassen Windräder ihre Flügel kreisen. Vor einem Wäldchen halten wir uns wieder links und finden uns kurz darauf auf einer verwinkelten Hofanlage wieder. Doch wir sind noch nicht am Ziel, dies ist Gut Schierke. Wir dürfen das private Gelände überqueren, verlassen es durch seine Zufahrt, eine kuschelige, kurze Allee, und gelangen an die (gefährliche!) Hauptstraße. Auf der gegenüberliegenden Seite führt uns ein separater Fuß-Rad-Weg sicher nach rechts über die Kuppe des kleinen Hügels. Dahinter sehen wir links Dächer über Bäume ragen. Davor blöken auf den Weiden vielleicht gerade Schafe, oder Gänse recken wichtig ihre Hälse empor. Ein Wegweiser verrät uns: Sie gehören zum »Empfangskomitee« von Gut Adolphshof.

Leben und arbeiten in sozialer Vielfalt

Der historische Bauernhof Gut Adolphshof wird schon seit 1952 nach Demeter-Richtlinien bewirtschaftet und ist damit der älteste Ökohof im Raum Hannover. Auf dem 160 Hektar großen Betrieb leben Kühe, Schafe, Schweine, Hühner und andere Nutztiere auf Weiden und in großzügigen Ställen. Ihr Futter stammt komplett aus eigenem Anbau. Alle Hofprodukte werden umweltverträglich erzeugt und direkt vor Ort in einer Mühle und in einer Käserei verarbeitet. Milch, Käse, Quark und Jogurt, Fleisch und Wurst von Rind, Schwein und Lamm, Schafwolle und -felle, Roggen, Weizen und Dinkel als loses Korn oder zu Schrot vermahlen werden im eigenen Hofladen, auf Märkten und in anderen Bioläden der Region verkauft.

Die anfallenden Arbeiten erledigen zehn verantwortliche Hofbewohner zusammen mit Auszubildenden, Zivildienstleistenden, Teilnehmerinnen des Freiwilligen Sozialen Jahres und

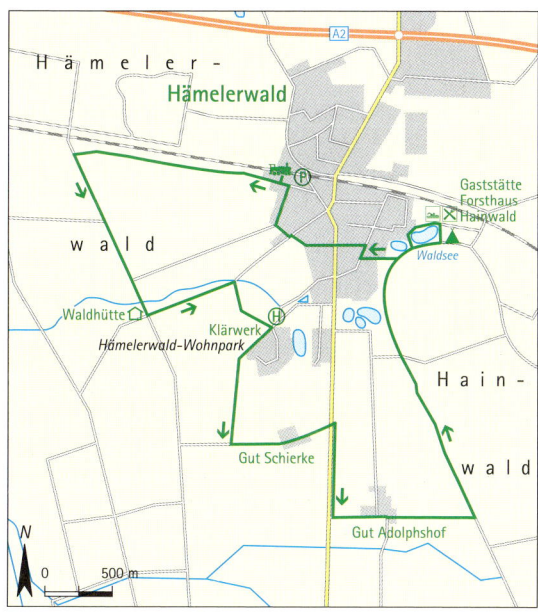

Hinter dem Adolphshof

Schulpraktikanten. Zur Hofgemeinschaft gehören auch fünf Kinder. Außerdem wohnen in einem neu entstandenen Bereich 17 geistig behinderte junge Erwachsene zusammen mit ihren Betreuerinnen und Betreuern in einer angegliederten sozialtherapeutischen Lebens- und Arbeitsgemeinschaft. Sie arbeiten in eigenen Werkstätten.

Pfingsten herrscht kunterbuntes Gewusel

Die Idee, das Leben und Arbeiten in sozialer Vielfalt mit Landwirtschaft und Naturschutz zu verbinden, möchte die Hofgemeinschaft gerne weitergeben. Daher steht der Adolphshof Schulklassen und anderen interessierten Besuchern als Lern- und Erlebnisort offen. Zusammen mit Pädagogen und Experten bietet der Trägerverein »Landbau-Forschung« neben Hofführungen auch Felderkundungen, verschiedene Projekte und Workshops, Erlebnistage, Vorträge und Seminare an. Themen sind unter anderem ökologischer Landbau, Artenvielfalt, Tierhaltung, Ernährung. Das Kultusministerium, die Stadt Hannover und die Niedersächsische Umweltstiftung fördern diese Bildungsarbeit. Nicht zuletzt verstehen es die Bewohner von Gut Adolphshof aber auch, Feste zu feiern. Jedes Jahr am Pfingstmontag herrscht am »Tag der offenen Tür« ein kunterbuntes Gewusel zwischen Tieren und Kindern, Ställen und Spielständen, zwischen Infotischen und Kaffeetafel, Bewohnern und Gästen.

164

Zum Schluss noch ein Schlenker zum Waldsee

Nachdem wir den Hof erkundet und leckere Hofprodukte pro-
biert haben, treten wir den Rückweg gegenüber der Zufahrt an.
Wir wandern hinten aus dem Gut hinaus und an einer Obst-
wiese vorbei zum Hainwald. Aufgepasst: Schon kurz vor der
Rechtskurve am Waldrand führt links ein unscheinbarer Pfad in
den Wald hinein. Auf ihm schlängeln wir uns zwischen Bäumen
und Büschen hindurch, wandern auch ein kurzes Stück am Feld-
rand entlang, um gleich darauf wieder im Schatten der hohen
Bäume über eine Wurzel zu steigen oder über einen Graben zu
hüpfen, der den eigenwilligen Trampelpfad kreuzt.

Sobald eine Straße und eine Schule durch Laub und Geäst
schimmern, verlassen wir den Wald. Bei schönem Wetter begleiten wir ihn auf der kleinen Straße noch ein paar hundert Meter
bis zum Waldsee. Links führt uns eine Holzbrücke zu einem kleinen Strand. Wer will, kann hier baden, wer lieber zusieht, kann
dabei im erhöhten Kaffeegarten des Forsthauses Hainwald noch
an einer Limo oder an einem Obstwein nippen.

Wollen wir jetzt gleich nach Hause, biegen wir an der Schule
in die Straße Am Hainwald, an ihrem Ende nach rechts und gleich
wieder links in die Leipziger Straße. Sie geht in den Görlitzer
Weg über, der Fußgänger und Radfahrer zur Hauptstraße führt.
Wir überqueren sie, gehen gegenüber in die Bürgerstraße und
am Waldrand bis zum Ende der Försterstraße. Dort biegen wir
rechts in den Wiesengrund, wieder rechts in die Hubertusstraße
und sehen links schon den Bahnhof vor uns liegen.

Christiane Baer-Krause

Informationen:
Gut Adolphshof, Gemeinnützige Landbau-Forschungs-
gesellschaft Hämelerwald e. V., 31275 Lehrte-Hämeler-
wald, Hofladen@Adolphshof.de, www.adolphshof.de,
private Hofführungen für alle Altersstufen in Gruppen ab 15 Personen nach Vereinbarung (Info und
Anmeldung bei Angelika Güntzel, Tel. 0 51 75/52 22,
Fax 0 51 75/78 84). Preis: 3 €.
Forsthaus Hainwald, Am Waldsee 1, 31275 Lehrte-
Hämelerwald, Tel. und Fax 0 51 75/47 67. Kaffeegarten an der Badestelle im Sommer Mo–Sa ab 15.00,

So ab 10.00. Waldseegaststätte auf dem Campingplatz
ganzjährig geöffnet.

Karte:

Radwanderkarte Niedersachsen, Nr. 30 Hannover und
Umgebung, Karte und Begleitheft, Landesvermessung
und Geobasisinformation Niedersachsen, 1:75 000.

Wo das Herz höher hüpft

26

Tour: Fast nur autofreie Wege führen Naturliebhaber durch malerische Dörfer, einsame Wiesen, Felder und idyllische Wälder. An Erse und Fuhse rauschen romantische Mühlen. Storchenhorst, Baudenkmäler und Badesee verführen zu Zwischenstopps.

Länge: 33 km.

Dauer: Je nach Tempo und Pausen ist zwischen einer dreistündigen Sause und einem gemütlichen Ganztagesausflug alles drin.

Familie: Die ebene Strecke ist bis auf ein kurzes Straßenstück gut für Kinder geeignet. Unterwegs gibt es Gelegenheit, am Wasser und im Wald zu spielen, die stillgelegte Bahntrasse zu erforschen, Tiere zu beobachten.

Varianten: Eine Abkürzung für Familien mit kleineren Kindern führt hinter Benrode zum ausgeschilderten Erse-Romantik-Park. Dort werden Rotkäppchen und Rapunzel auf Knopfdruck »lebendig«. Drachen- und Saurierfiguren entführen in die Urzeit, kleinere Fahrgeschäfte gibt es auch. Nach dem Besuch geht es auf gleicher Route wieder zurück nach Dedenhausen. Eine zweite Abkürzung führt an heißen Tagen hinter den Spreewaldseen zu einem Bad im Irenensee und später über die B 188 hinweg auf einen direkten (Feld-)weg zurück nach Dedenhausen.

Saison: Ganzjährig, besonders schön von März bis Okt.

Anfahrt: *ÖPNV:* Ab Hannover oder Wolfsburg mit der S-Bahn bis Bahnhof Dedenhausen. *Kfz:* Über die B 188 bis Uetze, weiter durch die Ortsmitte nach Dedenhausen fahren. Hier am Bahnhofsparkplatz parken.

Einsamkeit Nähe Großstadt – das gibt es wirklich. Weitab von den Touristenstrecken schlummert rund um Uetze eine spannende Entdecker-Tour für die Seele. Vier grundverschiedene Wälder versetzen uns in Erstaunen, romantische Plätzchen verführen immer wieder zum Verweilen, Erse und Fuhse zum Spiel am Bach. Den Weg durch Wiesen und Felder kreuzt allenfalls

Meister Adebar, vielleicht noch ein Landwirt oder der Förster. Und die Kultur kommt auch nicht zu kurz. Schönes und Absonderliches findet sich am Wegesrand, in Uetze sogar Gruseliges. Seien Sie im »Neuen Garten« auf eine Gänsehaut gefasst!

Hinterm Kübbungshaus blüht alles nach altem Plan

Vom Bahnhof Dedenhausen starten wir durch das Hohe Feld Richtung Eltze. Am Ortsausgang verlassen wir die Hauptstraße, fahren einige Meter geradeaus auf den Wirtschaftsweg, biegen aber gleich links in den Feldweg ein. Auch an der nächsten T-Kreuzung fahren wir links, stoßen auf die Hauptstraße nach Uetze und begleiten sie nach rechts auf dem Radweg über die Fuhse hinweg bis zum Abzweig nach Wackerwinkel. In Wackerwinkel entdecken wir zwischen den wenigen Häusern kurz vorm Ortsausgang rechts das Zweiständer-Kübbungshaus von 1596. Der Heimatbund Uetze hat das heruntergekommene Anwesen originalgetreu restauriert und nutzt es für Lesungen, Konzerte, Märchenstunden und Ausstellungen. Hinterm Haus verändert der wunderschöne Bauerngarten nach Vorbildern von 1750 nach damaligem Muster und Verständnis von Blütenfolgen ständig sein Aussehen. Wer mehr wissen möchte, vereinbart beim Heimatbund Uetze eine Führung. Im Sommer steht donnerstags die Tür ab 15 Uhr offen. Kaffee und Kuchen gibt es dann auch.

Nicht nur Verliebte wandeln berauscht durch den Frühlingswald

Wenn wir den Hof nach links verlassen haben, biegen wir gleich rechts in den Feldweg ein. An der T-Kreuzung weist uns ein Schild den Weg nach Eltze. Etwas holperig geht's unter dem zugewucherten Bahnviadukt einer längst stillgelegten Trasse hindurch in den ebenso kleinen wie romantischen Frühlingswald hinein. Auf den gewundenen Wegen zwischen Gräben und Fuhsearmen wandeln vor allem Verliebte gern. Besonders von März bis Mai. Dann berauschen Anblick und Düfte tausender Frühlingsblüher die Sinne und lassen die Herzen hüpfen.

Rechts sehen wir über die Wiese hinweg unter alten Bäumen gleich malerisch die Eltzer Mühle liegen. Bis auf den Verlust ihres zweiten Wasserrades präsentiert sie sich noch fast intakt. Wildes Getöse gab es inmitten der Idylle einmal ums Wasser der Fuhse. Während die Müller es stoppten, um mit seiner geballten

Kraft das Räderwerk in Gang zu setzen, beanspruchten die Bauern das Staurecht ebenfalls für sich. Sie benötigten das Fuhsewasser als Bewässerungsquelle für ihre Felder. Laut Uetzer Chronik überdauerte der Streit Generationen. Nun liegt die Eltzer Mühle seit 1959 still. Wir umkurven das private Anwesen zur Hälfte und radeln ein kurzes Stück neben der Straße in Richtung Uetze auf dem Radweg nach Benrode. Am Ortseingang erinnert uns eine Hofanlage unter riesigen Eichen an einen wendländischen Rundling. Schnell haben wir den kurzen Fachwerkort durchquert und entscheiden, wie die Tour weitergehen soll. Stoßen die kleineren Kinder jetzt an ihre Grenzen? Dann lockt sie der Erse-Park sicher noch bis nach Abbeile. Weiter Richtung Uetze, dann über den nächsten Feldweg rechts ist der kleine Freizeitpark in 10 Minuten zu erreichen.

Wo Madam Adebar ihrem Gatten den Laufpass gab

Wer die Rundtour fortsetzen möchte, biegt am Ortsausgang von Benrode links in den Feldweg ein, überquert mit ihm die Fuhse und radelt dann rechts durch die Wiesen nach Uetze. Dort kurven wir gleich rechts in die kopfsteingepflasterte Osterstraße und

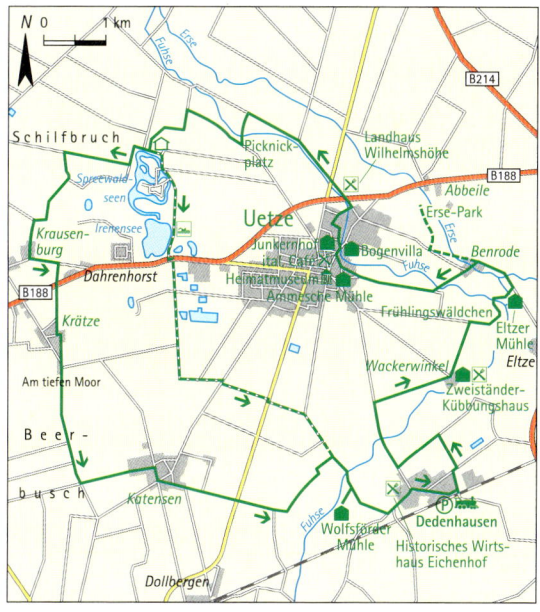

wieder rechts in die Mühlenstraße. Der Anblick eines malerischen, kleinen Fachwerkensembles entschädigt uns für die Ruppelpartie. Links erhebt sich in dunkelrotem Backstein imposant und etwas düster ein typischer Industriebau des 19. Jahrhunderts, die Ammesche Mühle. Lange war sie dem Verfall preisgegeben. Erst 2002 begann ein Investor, das Hauptgebäude für medizinische Zwecke nutzbar zu machen. Für die Nebengebäude kam da schon jede Hilfe zu spät. Sie waren bereits in sich zusammengefallen.

Wir wenden und sehen am Ende der Mühlenstraße den Schlauchturm der Feuerwehr über die Dächer lugen. Obendrauf klappern während der Brutzeit Meister Adebar und seine Gemahlin. Darüber sind alle froh. Denn lange waren sie verschwunden. Nach den Radikalschlägen der Flurbereinigung war für sie hier nichts mehr zu holen. Heute tummeln sich in neun geschützten Gebieten und sechs Feuchtbiotopen der Gemeinde wieder Grasfrösche, Libellen und andere »Leckereien«. Sie machen alle fünf Weißstorchpaare satt, die sich auf Dauer wieder eingenistet haben. Einmal ging das nicht ohne Federlesen vonstatten. Damals hatte ein stattlicher Weißstorchenherr Einzug gehalten, als sich ein anderes Paar ebenfalls für den Horst interessierte. Als es ihrem Gatten nicht gelang, den Erstbezieher zu vertreiben, pfiff die Störchin plötzlich auf jede artentypische Treue. Kurzerhand verließ sie ihren Partner, flog mit einem Zweig im Schnabel zu dem attraktiven Rivalen ins Nest und schlug mit ihm gemeinsam den »Gehörnten« in die Flucht. Wer will, sieht sich die Storchenfamilie noch aus der Nähe an und schleckt dabei vielleicht ein Eis aus dem italienischen Café im Zentrum 100 Meter weiter.

Um den Junkernhof machte die Feuersbrunst einen Bogen

Weiter geht es dann aus der Mühlenstraße rechts durch die Osterstraße zur Kaiserstraße. Gleich rechts ruht dort die im Jugendstil erbaute Mühlen- oder Bogenvilla. Ihren zweiten Namen verdankt sie der Gestalt der Fuhsebrücke, über die sie zu erreichen ist. Ihre Baumeister konstruierten sie vor einigen hundert Jahren in einem Bogen. So konnten die Bauern unter der Brücke hindurchfahren und nach altem Recht die hölzernen Räder ihrer Wagen wässern. In der Pestalozzistraße gegenüber prunkt der Junkernhof. Herzog August der Ältere erwarb das Anwesen einst für seine drei Söhne aus einer illegitimen Verbindung zu einer Bürgerlichen. Diese Söhne wurden später in den Adelsstand erhoben. Daher rührt der Name des Gebäudes. Der baufällige Vorgängerbau wich 1634 dem symmetrisch konzipierten Herrenhaus mit Kutscherhaus und Scheune. Wie durch ein Wunder blieb die Anlage 1863 von der Feuersbrunst verschont, die das damals schon knapp 1000-jährige Uetze fast komplett in Schutt und Asche legte. Heute zählt der Junkernhof zu den ältesten Gebäuden des Ortes. Auf seiner Rückseite steht ein weiterer Fachwerkbau aus dem 17. Jahrhundert, der Neue Garten. In der heutigen Gaststätte soll bereits 1634 eine »öffentliche Herberge und adelige Bierschenke« genehmigt worden sein. Im Schankraum berichten alte Wandgemälde von einem handgreiflichen Streit zwischen den Dragonern und Uetzer Bürgern. Danach wurde dem Lüder Wrede aus Benrode am 16. August 1705 die linke Hand abgehackt. Als Ersatz brachte der Herzog ihm eine Prothese aus Kupfer. Sie ist heute noch im Heimatmuseum in der Schulstraße zu sehen.

In der Herrschaft pfeift der Wiedehopf

Weiter? Dann fahren wir vor dem Junkernhof durch einen kleinen Park an der Fuhse entlang. Mit der nächsten Brücke wechseln wir die Uferseite, radeln links in die Celler Straße, auf der Dammstraße unter der Brücke der Umgehungsstraße hindurch und über die Marktstraße hinweg. Einkehr gefällig? Das Landhaus *Wilhelmshöhe* serviert leckere Kleinigkeiten und Gerichte mit Gemüse der Saison. Im Mai und Juni gibt es Spargel, an schönen Sommertagen stehen draußen Tische an der Fuhse.

Wer lieber picknickt, fährt weiter geradeaus. Schräg links folgen wir dem Hinweis nach Hänigsen. Wo die Fuhse vom Weg abknickt, beginnt links der Wald. Am zweiten »Einstieg« folgen wir dem Brückenwegweiser direkt hinein in die Herrschaft. Zwischen riesigen Eichen, Buchen und Nadelhölzern vermehren sich hier die Arten, ist die Welt fast wieder in Ordnung. Grün-, Bunt- und Schwarzspecht hämmern um die Wette, am Waldrand ist der Wiedehopf aufgetaucht, und am Fuhseufer sirren und flirren zahllose zum Teil seltene Insekten. Das Wasser teilen viele Fische mit Flussmuschel und Flusskrebs, und in der Böschung richtet sich sogar der rare Otter wieder ein. Am Fuhsesteg erreichen wir ein ganz besonders idyllisches Plätzchen. Knorrige Wurzeln uralter Baumriesen verführen zum Anfassen, Klettern und Geschichtenerzählen, ein Picknickplatz lädt zum Verweilen ein – wenn uns die Mücken in Ruhe lassen. Später folgen wir vorne auf dem breiten Waldweg weiter dem Brückenwegweiser, zuerst nach rechts, an der T-Kreuzung links, später rechts und durch eine Linkskurve hindurch.

An der folgenden T-Kreuzung steht links eine Schutzhütte und für uns wieder eine Entscheidung an: Wer jetzt lieber baden, paddeln und Freizeittrubel erleben möchte, fährt links herum an den Spreewaldseen entlang zum Irenensee. Im Erholungsgebiet Spreewaldseen herrscht zwischen Ferien- und Wochenendhäuschen gediegene Urlaubsatmosphäre. Am trubeligen Irenensee dahinter vergnügen sich Dauer- und Feriencamper gemeinsam mit Tagesgästen beim Wassersport. Die ganze Seenlandschaft ist übrigens hausgemacht. In den 1960er-Jahren schuf ein Landwirtsehepaar die Anlage aus einem Fischteich und Ackerland. Nach dem Bad führt bei Bedarf eine Abkürzung vom Irenensee durch die Felder nach Dedenhausen zurück. (Vom Irenensee links auf die B 188, gleich wieder rechts, ca. 1 Kilometer nach den Fischteichen links abbiegen, dann bis zum Fuhsesteg immer geradeaus fahren, weiter geradeaus bis zum Asphaltweg, von wo wir Dedenhausen schon links liegen sehen.)

Im Schilfgrund »wurzelt Musik«

Wer mit dem Trubel nichts am Hut hat, verlässt hier die Herrschaft nach rechts und wechselt in den dritten Wald auf unserer Tour. Hier im moorigen Naturschutzgebiet Schilfgrund wächst der größte Roterlenwald Deutschlands. Er wurde 1850 angelegt und ist eine forstwirtschaftliche Rarität. Bis zu 20 Meter hohe Stämme ragen in den Himmel. Sie liefern sehr hochwertiges Holz, das sich weder verzieht noch reißt. Aus ihm werden z.B. dünnwandige Musikinstrumente gebaut. Wir folgen dem Teerweg nach links, dann dem Storchenwegweiser nach rechts in einen schnurgeraden Waldweg. An der nächsten kleinen Kreuzung fahren wir links Richtung Krätze, biegen später rechts auf den Teerweg und folgen ihm in eine Linkskurve. An der nächsten kleinen Kreuzung treffen wir auf eine Pferdeweide und erreichen mit ihrer Rechts-links-Umrundung die Häuser von Altmerdingsen-Krausenburg. An der T-Kreuzung fahren wir links, an der nächsten Kreuzung wieder rechts und geradeaus über die B 188.

Lauschig sitzt man vor dem »Neuen Garten«.

Beerbuschbewohner schnuppern Pinienholzduft

In Krätze schlagen wir an der T-Kreuzung einen kurzen Links-rechts-Haken, radeln dann geradeaus durch den Ort hindurch und Am tiefen Moor in den Staatsforst Beerbusch hinein. Nach den erdigen und modrigen Gerüchen der hinter uns liegenden Misch- und Laubwälder schnuppern wir in unserem vierten Wald erstmals intensiv den würzigen Duft von Nadelhölzern. Und mit etwas Glück erspähen wir zwischen Kiefern und Fichten ein Stück Rot- oder Schwarzwild, das hier zu Hause ist. Der Weg führt uns immer geradeaus. An der zweiten Schranke weist uns ein Holzwegekreuz links nach Katensen. Dort passieren wir den Fußballplatz, fahren an der Hauptstraße rechts und auf ihr durch den Ort hindurch Richtung Uetze. Ab dem Springweg erwarten uns die einzigen 500 Meter Straßenkontakt. An seinem Ende überqueren wir die Landesstraße 387 geradeaus, folgen später einem kleinen Bach schräg nach links auf einen romantischen Wiesenweg. Er führt uns zu einem Fuhsesteg, dahinter unter Birken zwischen Feldern hindurch. Vielleicht wächst hier gera-de die weithin bekannte »Uetzer Zwiebel«. Wer mag, kann über den Feldweg rechts noch einen kleinen Abstecher zur Ruine der Wolfsförder Wassermühle machen. Sonst geht's geradeaus bis zum Asphaltweg. Dort sehen wir links schon Dedenhausen liegen. Im

173

Ort weisen Schilder zum Historischen Wirtshaus Eichenhof. Achtung: Außerhalb öffentlich angekündigter Veranstaltungen werden neben Hotel- und Tagungsgästen nur angemeldete Ausflugsgruppen bewirtet. Den Weg zurück zum Bahnhof weisen uns weitere Schilder.

Christiane Baer-Krause

Informationen:

Gemeinde Uetze, Rathaus, Marktstr. 9, 31311 Uetze, Tel.
0 51 73/9 70 00, info@uetze.de, www.uetze.de

Heimatbund Uetze, Karl-Heinz Ellebracht, Westerkampstr. 1, 31311 Uetze, Tel. 0 51 73/4 05. Informationen zum Zweiständer-Kübbungshaus und zum Heimatmuseum.

Erse-Park, Abbeile 2, 31311 Uetze, Tel. 0 51 73/3 52, info@erse-park.de, www.erse-park.de, Apr–Okt tägl. 10.00–18.00. Eintritt: Erwachsene 11 €, Kinder (ab 2 Jahre) 10 €.

Irenensee Campingpark, Dahrenhorst 2a, 31311 Uetze, Tel. 0 51 73/9 81 20, Fax 0 51 73/98 12 13, info@irenensee.de, www.irenensee.de, Fahrradverleih, Baden, Paddeln, Café, Restaurant.

Landhaus Wilhelmshöhe, Marktstr. 13, 31311 Uetze, Tel. 0 51 73/92 20 83.

Historisches Wirtshaus Eichenhof, Unter den Eichen 8, 31311 Uetze-Dedenhausen, Tel. 0 51 73/6 90 60, Fax 0 51 73/6 90 61 00, eichenhofhotel@hotmail.com

Karten:

Gemeinde Uetze Freizeitland, Radwanderkarte und Tourenheft, Gemeinde Uetze, 1:30 000.

Radwanderkarte Niedersachsen, Nr. 30 Hannover und Umgebung, Karte mit Begleitheft, Landesvermessung und Geobasisinformation Niedersachsen (LGN), 1:75 000.

Per Handschlag ist der Handel perfekt

27

Tour: Radrundtour für Heimat(er)kundler ab Burgdorf durch Flussauen, Wiesen und Wälder über Hänigsen und Otze zum Ausgangspunkt. Auf der Strecke liegen der Burgdorfer Pferdemarkt, die Hänigser Teerkuhle mit Freilandmuseum, ein Kalischacht, eine Heimatstube, ein ungewöhnliches Privatmuseum, zwei Mühlen, ein Waldlehrpfad und ein Spargelmuseum.

Länge: Ca. 28 km.

Dauer: Je nach Anzahl und Länge der Besichtigungspausen. Setzen Sie Prioritäten! Alle Führungen lassen sich an einem einzigen Tag weder zeitlich bewältigen noch kognitiv erfassen.

Familie: Für Kinder ist der Pferdemarkt eine Attraktion, an Aktionstagen sind auch Teerkuhle und Hänigser Mühle spannend. Ausgiebige Besuche der anderen Museen können die Geduld kleiner Menschen jedoch hart auf die Probe stellen.

Saison: Der Pferdemarkt findet von Apr–Sep jeden 3. Samstagvormittag statt. Die Spargelsammlung im Rathaus ist von Apr–Jun zu sehen. Die Hänigser Mühle ist nur am 1. So im Sept zu besichtigen und in Betrieb. Alles andere nach Vereinbarung und eigenem Ermessen.

Anfahrt: *ÖPNV:* S-Bahn von Hannover oder Celle bis Bahnhof Burgdorf. *Kfz:* Über die B 188 in die Marktstraße fahren, dann weiter östlich der Bahngleise in die Rolandstraße zum Bahnhof. Hier parken.

Im April, Mai und Juni stechen sie dem Besucher im Nordosten Hannovers sofort ins Auge, die ordentlich eckig geklopften Erdreihen, die als schnurgerade Linien in exakter Parallellage die ausgedehnten Felder überziehen. Hier wächst Spargel. Kenner des »Königs der Gemüse« haben die Burgdorfer Gegend längst zu ihrer Pilgerstätte erklärt. Sie bescheinigen den hier gestochenen Stangen vorzüglichsten Geschmack. Angeboten wird das Edelgemüse direkt ab Feld oder Hof, und natürlich fehlt das kulinarische Highlight während der Saison auf fast keiner Speisekarte der heimischen Gastronomie. Aber nicht nur Spargel hat in Burgdorf Tradition. An der Aue wird auch liebevoll die Erinnerung an alte Wirtschaftszweige wach gehalten, die anderswo längst in Vergessenheit geraten sind.

Wo Rösser und Ziegen den Besitzer wechseln

Vom Bahnhof aus starten wir in das rote Klinkersträßchen gegenüber und folgen seinem Verlauf bis zur T-Kreuzung. Ein kurzes Stück schieben wir unser Rad durch die Fußgängerzone der Feldstraße nach rechts und biegen links in die Straße Hannoversche Neustadt ein. Kurz vor dem Ende der verkehrsberuhigten Zone fahren wir rechts in die Minnenstraße, überqueren die Marktstraße und erreichen über die Schützenstraße den Schützenplatz. Sind wir zwischen April und Oktober am 3. Samstag des Monats unterwegs, schnuppern wir Pferdedung, und Ziegengemecker dringt an unser Ohr. In diesem Fall parken wir unsere Räder am Zaun und lassen uns einen Bummel über den Pferdemarkt nicht entgehen.

Hier werden nicht nur Rösser gehandelt. Wie in alten Zeiten wechseln in Burgdorfs Innenstadt auch robuste Ziegenböcke und Schafe, prämierte Rammler und Legehennen, raubvogelsicheres Federvieh, aber auch Ziervögel und Fische sowie allerlei anderes Nutz- und Schmusegetier samt Zubehör den Besitzer. Das ist seit 1980 wieder so. Seither zieht es nach Schätzung der Stadt am Tag der Tage über 200 Aussteller und rund 10 000 Besucher aus ganz Nordwestdeutschland, aus den neuen Bundesländern und sogar aus dem Ausland zum Handel und Wandel, zum Kauf, Tausch und Plausch an die Aue. Mittendrin locken Zauberer, Jongleure, Clowns, Liedermacher, Stelzenläufer, Schminkkünstler und Musiker mit ihrem Repertoire das Publikum an. Reiterliche Vorführungen und alte Handwerkskünste sind zu bestaunen, und Ponyreiten gibt es natürlich auch.

Aue und Seebeck queren den Weg

Haben wir uns satt gesehen, geht's weiter in Fahrtrichtung geradeaus und an der Aue links. Auf dem Brückendamm überqueren wir das Flüsschen und folgen ihm und dem Wegweiser »Niedersächsische Spargelstraße« nach links, zuerst auf roten Klinkern, dann auf einem Wanderweg. Mit der nächsten Auebrücke wechseln wir erneut das Ufer, folgen dem Weg, fahren dann links durch die Schirmerstraße und schräg rechts in den Dachtmisser Weg. An der Kreuzung nach dem Klärwerk fahren wir rechts in den Plantagenweg, queren wieder die Aue, erreichen Hülptingsen und biegen links in die Straße Walkemühlenfeld. Am Ende des kleinen Gewerbegebietes wird es wieder richtig grün. Im Wald erreichen wir bald eine T-Kreuzung und fahren links nach Dachtmissen. Dort führt uns am Ortsrand die Straße Am Vorwerk rechts am Wald entlang, dann durch die Felder. Auf dem ersten kreuzenden Asphaltweg fahren wir nach links, passieren den Modellflugplatz und halten uns später am Waldrand rechts. An der Gabelung folgen wir dem breiteren Weg in eine Links-rechts-Kurve in den Wald hinein. Nach einem Rechtsknick biegen wir links in einen immer kleiner werdenden Waldweg, überqueren auf einem Steg den Bach Seebeck, fahren weiter geradeaus und erreichen Hänigsen. An der T-Kreuzung geht es nach links an einem Neubaugebiet vorbei, dann immer geradeaus. Am Ende der Breitenkampstraße radeln wir mit einem Rechtslinks-Schlenker in die Alte Bahnhofstraße. An der abknickenden Vorfahrt und an der Kreuzung fahren wir weiter geradeaus in

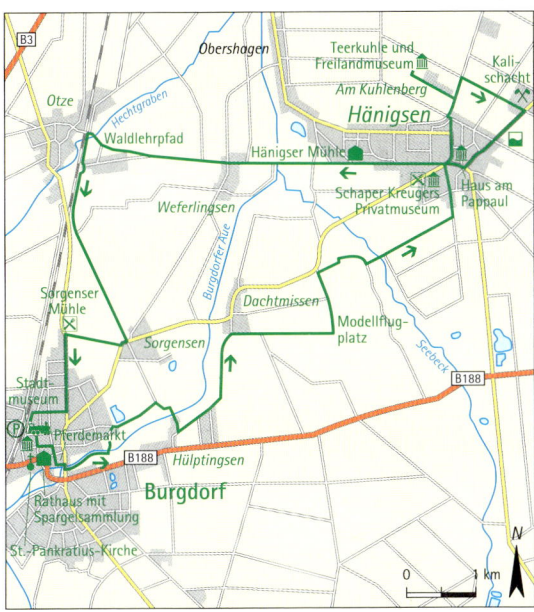

177

Die Hänigser Bockwindmühle

den Celler Weg, dann links in den Weg Am Kuhlenkamp. Vor den letzten Häusern zeigt ein Holzwegweiser über den Rasenstreifen zur Teerkuhle.

Farkenöl vermiest Ferkeln das Knabbern

Die Teerkuhle am Kuhlenberg ist die älteste urkundlich erwähnte Erdöllagerstätte Norddeutschlands. Schon vor 450 Jahren berichtete der Chemnitzer Stadtarzt und Bürgermeister Georg Agricola »Von dem, was aus der Erde hervorfließt ... in den Sümpfen etwa drei Meilen von Burgdorf«. Eine der zahlreichen Kuhlen hat der Heimatbund 1986 wieder geöffnet. Zu sehen ist ein 2,8 Meter tiefer Schacht, abgestützt von teerverschmierten Holzbalken. In ihm sammelt sich Grundwasser, auf dem ein dicker Ölfilm schwimmt. Früher wurde er regelmäßig abgeschöpft, das Öl als Wagenschmiere und Lampenöl benutzt. Wie das vor sich ging, demonstriert der Heimatbund während seiner Führungen. Über das »Farkenöl« freuen sich übrigens die Schweinezüchter. Sie bestreichen damit die Hinterbacken ihrer Ferkel und verleiden ihnen so das gegenseitige Schwanzabknabbern. Über andere Kuriositäten und alte Fördertechniken informieren auf dem Gelände ein Infopavillon, ein Erdöllabor und hinter dem Wäldchen ein kleines Freilandmuseum mit Bohr- und Gewinnungsgeräten sowie einem alten hölzernen Förderbock.

Salz aus tiefster Tiefe

Zur nächsten Station geht es zurück durch den Kuhlenkamp, dann auf dem Celler Weg nach links, auf dem ersten Wirtschaftsweg nach rechts und geradeaus an zwei überwucherten Abraumhalden und dem Kaliwerk vorbei bis zur Hauptstraße. Links liegt der Haupteingang zum Kali- und Salzbergwerk Hänigsen. Hier ragte einst der tiefste Kalischacht der Welt 1525 Meter tief in die Erde. Seit der Stilllegung des Bergwerks wird er verfüllt. Eine Besichtigung ist nur nach schriftlicher Anmeldung im Salz- und Kalibergbaumuseum in Bad Salzdetfurth möglich.

Nach Hänigsen folgen wir der Straße in die entgegengesetzte Richtung, passieren kurz hinter dem Ortseingang das Freibad mit seinem 10-Meter-Sprungturm für besonders Wagemutige und schlängeln uns mit der Hauptstraße bis zu einer großen Kreuzung. Das zweite Haus rechts hinter der großen Kastanie ist das »Haus am Pappaul«.

Dorfgeschichte verführt zum Stöbern

Das Haus am Pappaul hat seit seiner Erbauung 1694 schon vielseitig Dienst getan, zuerst als Bauernhaus, nach 1938 als Stätte für den Kindergarten, die landwirtschaftliche Berufsschule, die Volksschule und die Schule für Lernbehinderte. In der Scheune war auch einmal das Kino untergebracht. 300 Zuschauer fanden darin Platz. Heute nutzen die Hänigser den Fachwerkbau als Bürgerhaus und Dorfmuseum. Exponate aus der Steinzeit und Urnen aus der Eisenzeit sind hier zu sehen, außerdem altes Gerät aus Haushalt und Feuerwehrbeständen. Höhepunkte sind ein barocker Taufengel und ein Archiv zur Dorfgeschichte. Hier dürfen Interessierte selbst nach den Ereignissen im Bergbau, in der Erdölförderung, im Dorfleben und in der Landwirtschaft forschen.

In Tenne und Stall schlummern alte Kostbarkeiten

Noch mehr Heimatkundliches und eine Rast der besonderen Art warten an der Kirche vorbei und links gegenüber vom Friedhof am Burgdorfer Berg 1 auf uns. Hier hat Frau Meyer in »Schaper Kreugers Privatmuseum« eine unglaubliche Anzahl von bäuerlichem Gerät und Fahrzeugen, Möbeln, Kochgeschirr, Kleidung, Spielsachen, Bildern, Schriftstücken und viele andere Utensilien »von früher« zusammen gesammelt. Die unzähligen Zeitzeugen unserer Ahnen füllen inzwischen das alte Niedersächsische Bauernhaus samt Tenne und Stall bis unters Dach. Für manche Rarität interessieren sich sogar namhafte Museen. Doch Frau Meyer hält alles beisammen. Wer vorher angerufen hat, darf hier ausgiebig stöbern und erfährt nebenbei so manche Anekdote. Damit Leben in all den Dingen bleibt, führt die Hausherrin auch gerne Nachthäubchen und Spielzeug vor oder lässt den Webstuhl klappern. Es wundert uns kaum noch, dass wir zum Schluss im winzigen Privatcafé selbst von antiken Tellern essen dürfen. (Keine Angst: Die Schmalzstulle und der Hefekuchen sind ganz frisch.) Bei schönem Wetter werfen wir noch einen Blick in den Bauerngarten und auf den freigelegten Brunnen. Dann nähern wir uns gegenüber hinter dem Friedhof auf der Windmühlenstraße der Hänigser Mühle.

Rettung in letzter Minute

258 lange Jahre hatte die Hänigser Bockwindmühle zuverlässig Korn zu Mehl vermahlen, als ihr letzter Müller 1962 sein Handwerk aufgab. Fortan war die Mühle dem Verfall preisgegeben. In letzter Minute verhinderte ein Celler Mühlenfan den Abriss und richtete sie wieder her. Heute gehört das Hänigser Kleinod zu den ältesten gewerblich nutzbaren Bockwindmühlen in Deutschland. Einblick bekommen wir leider nur am Mühlentag, dem 1. Sonntag im September. Dann zeigt der Mühlenverein, wie vom Korn zum Brot alles funktioniert, und drumherum sorgt die große Festgemeinde für mächtig viel Wind und Traditionspflege. Korbflechter, Schuhmacher, Glasbläser, Seiler und Töpfer demonstrieren ihr Geschick, ortsansässige Vereine geben auf der Bühne ihr Können zum Besten und Musik und Schmaus sorgen ebenfalls für beste Stimmung.

Bauminfos beenden Wissenstour

Über die Windmühlenstraße erreichen wir auf abgetrenntem Radweg die Brücke über die Aue, durchqueren geradeaus später Weferlingsen. An einer kleinen Weggabelung vor Otze fahren wir schräg rechts in den Mischwald hinein und stoßen auf den Waldlehrpfad. Wer noch etwas aufnehmen kann, informiert sich auf einem Rundkurs rasch noch über verschiedene Bäume und Büsche. Wir kommen automatisch zum Schützenverein und an eine Straße, überqueren sie mit einem Links-rechts-Schlenker,

radeln zwischen den Sportplätzen hindurch, an der Weggabelung links und landen auf dem Wendeplatz einer Sackgasse.
Gleich hinter dem ersten Haus wagen wir uns auf einen Wiesenweg, der uns zuerst holperig um ein Wäldchen herum, dann an
der Bahn entlangführt. Nach ca. 1 Kilometer wird die Strecke
wieder fester, wir folgen ihr geradeaus bis nach Sorgensen und
peilen dort nach zwei Rechtsabbiegungen die Sorgenser Mühle
an, die ein Restaurant beherbergt. Dort fahren wir links nach
Burgdorf und nach ca. 1 Kilometer rechts durch die Heinrich-
straße, am Ende wieder links und erreichen so den Bahnhof.
Wem etwas Zeit bis zur Abfahrt des Zuges bleibt, bummelt noch
durch Burgdorfs kuschelige Fachwerkaltstadt mit ihren vielen
kleinen Geschäften, Cafés und Kneipen, den historischen Bür-
gerhäusern und vielen anderen Baudenkmälern. Besonders sehenswert sind die Spargel- und Zinnfigurensammlung im Rathaus
sowie die klassizistische St.-Pankratius-Kirche am Spittaplatz
mit ihrer kostbaren Barockorgel aus dem 16. Jahrhundert.

Christiane Baer-Krause

Informationen:

Bürgerinformationsbüro Burgdorf, Vor dem Hannoverschen Tor 1, 31303 Burgdorf, Tel. 0 51 36/89 83 00,
www.burgdorf.de

Pferde- und Hobbytiermarkt, Kleiner Brückendamm, Tel.
0 61 36/18 62, Apr–Sep jeden 3. Sa im Monat 8.00–
13.00.

Teerkuhle, Am Kuhlenberg, 31311 Uetze-Hänigsen, Tel.
0 51 47/81 41 oder 0 51 47/80 54. Gelände jederzeit
zugänglich, Museumsbesichtigung und Führungen
durch den Teerkerl Mai–Okt nach Vereinbarung.

Salz- und Kalibergbaumuseum, St. Georgsplatz 1, 31162
Bad Salzdetfurth, Tel. und Fax 0 50 63/96 02 67,
www.bad-salzdetfurth.de/ddd/kult_la.html, Di, Do, So
14.00–17.00.

Freibad Hänigsen, Am Fließgraben 32, 31311 Uetze-
Hänigsen, Tel. 0 51 47/ 85 77, Mai–Sep Mo–Fr 6.00–
20.00, Sa und So 8.00–19.00.

Haus am Pappaul, Am Pappaul 2, 31311 Uetze,
Tel. 0 51 47/12 63 oder 0 51 47/15 39, 1. So im Monat
15.00–17.00 sowie nach Vereinbarung.

Schaper Kreugers Privatmuseum, Burgdorfer Berg 1, 31311 Uetze-Hänigsen, Tel. 0 51 47/3 81. Besichtigung und Bewirtung nach Vereinbarung. Der Eintritt ist frei, eine Spende für das Behindertenheim Röderhof ist willkommen.

Stadtmuseum, Schmiedestr. 6, 31303 Burgdorf, Tel. 0 51 36/44 58, Sa–So 15.00–18.00.

Spargelsammlung, Rathaus I, Marktstraße 55, 31303 Burgdorf, Tel. 0 51 36/89 83 22, Tel. 0 51 36/89 83 22, Öffnungszeiten auf Anfrage, Führungen nach Vereinbarung.

St.-Pankratius-Kirche, Spittaplatz 1, 31303 Burgdorf, Tel. 0 51 36/38 81, Fax 0 51 36/89 20 95, www.pankratius.de, KG.Pankratius.Burgdorf@ evlka.de, tagsüber geöffnet, Turmbesteigung nach Vereinbarung.

Karte:

Radwanderkarte Niedersachsen, Nr. 30 Hannover und Umgebung oder Nr. 23 Hannover Süd, Karte mit Begleitheft, Landesvermessung und Geobasisinformation Niedersachsen (LGN), 1:75 000.

Paddeln und strampeln

28

Tour: Sportlicher Ausflug mit Varianten für unterschiedliche Fitnessansprüche. Per Boot geht es von Wolthausen auf der romantischen Örtze und auf der gemächlichen Aller bis Winsen oder Bannetze, dann per Rad zurück nach Wolthausen. Stationen sind das Biorestaurant *WildLand* und das Industriedenkmal Wasserkraftwerk Oldau. Achtung: Nur eine steile Treppe überbrückt das Wehr.

Länge und Dauer: Variante 1: Unsichere Anfänger und Familien mit kleineren Kindern paddeln in ca. 2 1/2 Std. 11 km auf Örtze und Aller bis Winsen, radeln ca. 13 km über Oldau zum Startpunkt nach Wolthausen zurück. Variante 2: Fahrradstarke Paddler erreichen Wolthausen mit einem Schlenker über das Restaurant *WildLand* in Hornbostel und Oldau nach ca. 26 km. Variante 3: Fitte Paddler setzen nach 19 km Flussweg erst an der Schleuse Bannetze aus und passieren auf der ca. 19 1/2 km Radrücktour zusätzlich das Restaurant *WildLand* und Oldau.

Saison: Apr bis Okt.

Besonderheiten: Bequeme Kleidung und Turnschuhe zum Paddeln, komplette Ersatzkleidung für den (unwahrscheinlichen) Kenter-Fall, evtl. Nässeschutz gegen Spritzwasser, ggf. Mückenschutz, geeignete Bereifung für Sandwege.

Anfahrt: *Nur Kfz:* A 7 bei Abfahrt Mellendorf verlassen. Weiter über Fuhrberg, Ovelgönne, Oldau nach Südwinsen. Für Variante 3 über die Allerbrücke, an der Kreuzung links Richtung Bannetze und nach ca. 4 km links zur Schleuse fahren. Dort die Fahrräder parken. Mit dem Auto zurück durch Winsen über die Kreuzung hinweg nach Wolthausen, dort auf der Dorfstraße bis zur Bundesstraße, dann rechts aus dem Ort hinaus und hinter der Örtzebrücke links auf den Parkplatz an der Einsatzstelle. Für Variante 1 und 2 über die Allerbrücke, gleich links in die Straße Am Wörpel und sofort wieder links durch einen kleinen roten

Klinkerweg zum Parkplatz fahren. Dort die Fahrräder parken. Mit dem Auto zurück zur Hauptstraße, dort links, an der Kreuzung rechts nach Wolthausen und weiter wie bei Variante 3 beschrieben fahren.

Sie sind noch nie gepaddelt? Macht nichts, wir haben es auch gerade erst auf der Örtze gelernt. Unser »Logbuch« beweist es: Der Ausflug ist dringend zur Nachahmung empfohlen.

Der Startplatz ist für alle drei Varianten identisch: In Wolthausen treffen wir auf dem Parkplatz der Einsatzstelle auf unsere bestellten Bootsvermieter, bekommen eine Einweisung in die Paddeltechnik, Infos zum umweltverträglichen Kanusport, dicke Schwimmwesten und schon werden die Kanus zu Wasser gelassen. Beim Einsteigen ist uns noch etwas mulmig zumute. Es gilt, das schwankende Boot ins Gleichgewicht zu bringen, das staksige Paddel richtig zu handhaben und die ganze Chose in die richtige Position zu bugsieren. Nach ersten Fehlschlägen im Lenkvorgang liegen wir richtig und gleiten im Nu mit der Strömung flussabwärts. Ungefährlich, aber ungeheuer kurvenreich zwingt uns das Flüsschen umgehend und gnadenlos zu einem Crash-Kurs in Manövriertechnik. Die Tipps der Bootsverleiher im Ohr bekommen wir ein Gefühl für das ungewohnte Sportgerät, umschiffen bald schon elegant herabhängendes Geäst. Irgendwann sind wir dann in der Lage, unserer Umgebung – zumindest portionsweise – Aufmerksamkeit zu schenken. Es lohnt sich: Mal bilden Büsche und Sträucher eine romantische Kulisse, mal krumm gewachsene Bäume ein Dach über unseren Köpfen. Später ragt Mais über die Böschung, hinter einer Wiese ist ein Wald auszumachen und nach der nächsten engen Schleife blicken wir verdutzt in große Kuhaugen, die uns vom nahen Ufer aus eindringlich mustern.

Flussgäste nehmen Rücksicht

Doch auch weniger sichtbar brodelt in und an der weitgehend naturbelassenen Örtze das Leben. Intakte Feuchtgebiete und Flussauen garantieren das ökologische Gleichgewicht. Flachwasserbereiche, Uferzonen und angrenzendes Umland sind Standorte für seltene Wasserpflanzen und wertvolle Laich-, Brut-

und Aufzuchtgebiete für viele Tierarten. Wasservögel brüten hier von April bis Juli. Um sie nicht zu stören, umfahren wir Flachwasser- und Schilfzonen weiträumig nach bestem Vermögen, halten Abstand von Nestern und gefiedertem Nachwuchs. Unter uns ist ebenfalls einiges los: Dort tummeln sich Fische, Laich und Kleinstlebewesen. Sie sind darauf angewiesen, dass wir nur dicht unter der Wasseroberfläche paddeln, nicht auf dem Grund herumstochern und keinen Schlamm verwirbeln. Als Gäste auf dem Fluss nehmen wir Rücksicht. Nach rund 3 Kilometern taucht links vor einem bewaldeten Hügel und einer Rechtskurve eine große Wiese auf. Vor ihr dürfen wir in zwei kleinen Buchten anlegen, unsere Arme ausschütteln und eine Verschnaufpause einlegen. Noch einige Kilometer mäandrieren wir später weiter, dann stoßen wir auf die Aller. Sie fließt von ihrer Quelle in der Magdeburger Börde 211 Kilometer weit nach Verden und dort in die Weser. Hier strömt sie gemächlich dahin und hält neue Aufgaben für uns bereit. Ab Celle ist die Aller nämlich schiffbar. Und damit bescheren uns träge Fahrgastdampfer, flotte Freizeitkapitäne und spritzige Wassersportler sanfte und ruppige Wellen. Erwischen sie uns »volle Breitseite«, drohen wir zu kentern.

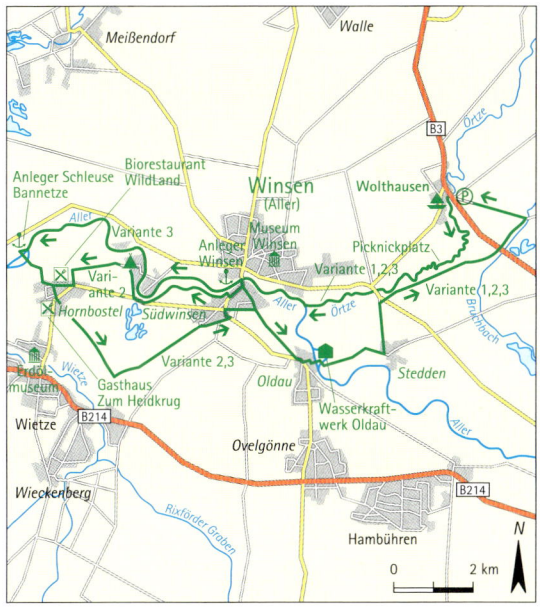

Es gilt, die richtige Stellung zu beziehen und die Balance zu halten. Kommt der Wind auch noch von vorne, steht uns außerdem ein kleiner Kraftakt im Vorwärtskommen bevor. Doch der Steg am rechten Allerufer an der Winsener Straßenbrücke ist nicht mehr weit und ermöglicht den Umstieg aufs Rad.

Nur bei Hochwasser macht die Aller Tempo

Durchtrainiertere Ausflügler und geübte Paddler (Variante 3) legen sich ins Zeug und starten durch bis zur Schleuse Bannetze. Nun wird es anstrengend, denn schon weit vor der Staustufe am Wehr nimmt die Fließgeschwindigkeit allmählich ab, die uns das Fortkommen bisher erleichtert hat. Es sei denn, es herrscht Hochwasser und die Aller fließt ungehindert durchs Wehr und macht auf ganzer Strecke Tempo. Dann lassen wir uns treiben, die Seele baumeln und den Blick über die Wiesen schweifen. Dort staksen jetzt Störche und Reiher umher. Aber Achtung kurz vor dem Ziel! In Bannetze teilt sich der Fluss. Links verbieten uns rot-weiß-rote Tonnen die Weiterfahrt. Hinter ihnen rauscht lebensgefährlich das Wehr. Ganz links am Ufer dürfen Kanuten ihr Boot zur Weiterfahrt aus dem Wasser ziehen und umsetzen. Das gilt aber nicht für uns. Wer seine Flusstour wie wir hier beendet, fährt rechts Richtung Schleuse und geht kurz hinter der Gabelung zwischen den Bäumen an Land. Dort führt der Weg zur Schleuse den Bootstransporter ans Wasser.

Wenn wir uns berappelt und das Gefährt gewechselt haben, überqueren wir die Schleusenbrücke, die Insel und das Wehr und fahren drüben immer geradeaus bis nach Hornbostel. Dort geht es nach links, dann finden wir nach 1,3 Kilometern rechts den Weg Am Moorberg und damit das Restaurant *WildLand*.

Kurz oder lang?

Sind wir in Winsen aufs Rad gestiegen (Variante 1 und 2), verlassen wir den Anlegeplatz durch den roten Klinkerweg, fahren rechts durch die Straße Am Wörpel und wieder rechts über die Allerbrücke. Hier haben wir zwei Möglichkeiten: Die kürzeste Strecke (Variante 1) führt schräg links durch den Oldauer Weg direkt nach Oldau. Die große Radtour (Variante 2) führt rechts auf dem Radweg an der Hauptstraße entlang, vorbei an einem Fahrradgeschäft. In der Kurve geht es zwischen Blumenkübeln hindurch nach rechts und gleich wieder rechts zwischen einem

Reitplatz und einer Reithalle hindurch in Richtung Wacholder-
park. Der Asphalt endet bald. Auf einem leicht holperigen Wanderweg erreichen wir geradeaus die Straße Winsen–Hornbostel,
fahren kurz auf ihrem Radweg nach rechts und biegen hinter
dem kroatischen Spezialitätenrestaurant und einigen Einfamili-
enhäusern gleich wieder nach rechts zum Campingplatz ab. Kurz
vor seiner Schranke folgen wir vor einem Blockhaus links dem
Hinweisschild zur Schleuse Bannetze in einen kleinen Weg. An
einer T-Kreuzung fahren wir nach links und erreichen Hornbostel.
Ein Wegweiser schickt uns rechts nach *WildLand*. Am Moorberg
sehen wir malerisch das Ensemble historischer Fachwerkhäuser
unter alten Eichen liegen.

Pfiffiger Gaumenschmaus erfreut auch das Auge

WildLand verwöhnt Restaurant-, Hotel- und Seminargäste in
natürlicher Umgebung mit regionalen und saisonalen Spezialitäten, meist aus kontrolliert biologischem oder biologisch-dy-
namischem Anbau. Menüs und kleine Speisen kosten zwar schon
mal etwas mehr als anderswo, sind dafür aber stets fantasievoll
und pfiffig kreiert und für Gaumen und Auge gleichermaßen
ein Schmaus. Schön anzusehen sind auch die sensibel renovier-
ten und eingerichteten Räumlichkeiten sowie das Naturgrund-
stück mit seinen Kräutern, Rosen und alten Bäumen. Eine
freundliche Atmosphäre begleitet uns vom persönlichen Empfang bis zur Weiterfahrt.

Sandattacken inklusive

Mit neuen Energien versorgt verlassen wir *WildLand* zur anderen Seite, fahren am alten Brunnen rechts in den Brunnenweg,
an der nächsten kleinen Kreuzung links, überqueren die Hauptstraße und radeln gegenüber links vom Gasthaus *Zum Heidkrug*
in die Trift. Sie geht in einen Wanderweg durch Kiefernwald
und Heide über, der mit einigen Sandattacken unsere Sattel-
festigkeit auf den Prüfstand stellt. Nach rund 2 1/2 Kilometern
Fahrt biegen wir nach links auf den Radfernweg Hannover–Lüneburg und gelangen auf ihm nach Südwinsen. Hinter einer
Heidschnuckenwiese mit alten Fachwerkunterständen halten wir
uns rechts, fahren am Ortsrand entlang bis zu einem auffälligen
weiß-blauen Gebäude, dort links in die Viehtrift, gleich wieder
rechts und stoßen an einer alten Kastanie auf die Hauptstraße.

Scharf links gegenüber am hohen Maibaum verlassen wir sie
nach rechts, fahren an der Weggabelung wieder rechts in den
Oheweg und treffen fast ganz am Ende auf den Oldauer Weg,
dem wir nach rechts bis Oldau folgen.

Fittes Denkmal: Wasserkraftwerk Oldau

In Oldau führt uns nach ca. 100 Metern ein Hinweisschild nach
links zur Schleuse.

Auf eigene Gefahr überqueren wir das Betriebsgelände samt
Insel. Dort steht ein Informationshäuschen des Heimatvereins
Hambühren. Nach Voranmeldung zeigt uns ein Mitarbeiter Video-
dokumentationen, alte elektrische Geräte und Fotos zum Thema
Energie. Gleich nebenan arbeitet wacker das älteste Wasserkraftwerk Deutschlands, das heute noch in seinem ursprünglichen
Zustand erhalten und in Betrieb ist. Das technische Denkmal
lieferte 1911 zum ersten Mal Strom, ließ mit 300 Kilowatt immerhin 200 Haushalten der Umgebung erstmals elektrisch »ein
Licht aufgehen«. Bereits 1923 erzeugten die Maschinen des vergrößerten Wasserkraftwerkes bis zu 4000 Kilowatt. Seither werden auch die Landkreise Lüchow und Uelzen mit Oldauer Strom
aus der Aller versorgt. Fast wäre das Denkmal 1972 übrigens
der Abrissbirne zum Opfer gefallen. Damals legte es die Betrei-

Romantisch: Paddeln auf der Örtze

bergesellschaft wegen zu hoher Personal- und anstehender Reparaturkosten still. Per Verfügung rettete der Regierungspräsident in Lüneburg das Kleinod in letzter Sekunde und erklärte es zu seinem langfristigen Schutz sogleich zum technischen Denkmal. Seit 1982 rotieren die Turbinen wieder. Drei höhenversetzte Francis-Turbinen garantieren den Betrieb bei jedem Wasserstand. Für technisch Eingeweihte besonders interessant: Hintereinander geschaltet treiben die senkrechten Wellen über glockenförmige, mit Honig geschmierte Holzkammräder die liegende Generatorwelle an.

Wo Treppen Fische pendeln und Radler murren lassen

Wollen wir weiter, müssen wir am Wehr noch einmal unsere Armkraft unter Beweis stellen – daran führt nämlich kein Weg vorbei: Wir müssen die Räder über steile Treppen ans andere Ufer schleppen. Von oben sehen wir noch die Fischtreppe. Sie ist als einziges Schlupfloch zwischen Staustufe und Turbinenraum für alle Tiere überlebenswichtig, die im Fluss zwischen Laich-, Aufzucht- und Nahrungsgebieten hin und her pendeln.
Nach unserer beschwerlichen Passage sitzen wir wieder auf und radeln auf einem Wanderweg bis zu einer alten Wegkreuzung. Dort rumpeln wir auf einer alten Kopfsteinpflasterallee rechts nach Stedden. Nachdem wir uns den Ort angesehen haben, verlassen wir ihn gen Norden auf dem Alten Kirchweg. Etwa 100 Meter vor der Landesstraße 180 kürzen wir nach rechts ein Stück ab, überqueren dann die Landesstraße und radeln auf dem Radfernweg Hannover–Lüneburg gegenüber wieder in den Wald hinein. Links neben uns schlängelt sich die Örtze dahin. An der Weggabelung folgen wir rechts weiter dem Radfernweg, überqueren geradeaus die B 3 und gelangen bald an eine weitere Weggabelung. Der Weg vor der Brücke schräg links führt direkt zurück zum Parkplatz in Wolthausen.

Christiane Baer-Krause

Informationen:
Bootsvermietung Winsen/Aller, Postfach 1301, 29306 Winsen, Tel. und Fax 0 51 43/91 18 98, info@boote-winsen.de, www.boote-winsen.de, Apr–Okt geführte Touren sowie individueller Bootsverleih

mit praktischer Einweisung und Verhaltenstipps in der Natur.

Bootsvermietung Reinhard Könemann, Lindenweg 11, 29320 Hermannsburg, Tel. 19.00–20.00: 0 50 52/14 15, 9.00–19.00: 01 72/6 31 74 40, info@bootsvermietung-oertze.de, www.bootsvermietung-oertze.de, Apr–Mitte Okt geführte Touren sowie individueller Bootsverleih mit praktischer Einweisung und Verhaltenstipps in der Natur.

Wasserkraftwerk Oldau (auf dem Gelände des Außenbezirks Oldau des Wasser- und Schifffahrtsamtes Verden), Schleusenstr. 9, 29313 Hambühren, Tel. 0 51 43/20 72, www.hambuehren.de

Informationsgebäude des Heimatvereins Hambühren, am Wasserkraftwerk Oldau, Besichtigung nach Vereinbarung (Info Werner Hesterberg, Tel. und Fax 0 51 43/18 90).

WildLand, Am Moorberg 6, 29323 Wietze-Hornbostel, Tel. 0 51 46/9 89 30, Fax 0 51 46/9 22 37, Info@WildLand.de, www.WildLand.de, Restaurant Di–Sa 18.00–24.00, So 12.00–24.00, Café Sa–So 14.00–18.00, Seminare und Hotel ganzjährig.

Extras:

Deutscher Kanu-Verband e. V., Bertaallee 8, 47055 Duisburg, Tel. 02 03/99 75 90, Fax 02 03/9 97 59 60, service@kanu.de, www.kanu.de.

Landes-Kanu-Verband Niedersachsen e. V., Landesleistungszentrum Kanu, Stockhardtweg 3, 30453 Hannover, Tel. 05 11/2 10 11 99, Fax 05 11/4 58 43 49.

Naturschutzbund Deutschland, Landesverband Niedersachsen, Calenberger Str. 24, 30169 Hannover, Tel. 05 11/91 10 50.

Karte:

Freizeitkarte Winsen-Allertal (mit Begleitheft), Landesvermessung und Geobasisinformation Niedersachsen (LGN), 1:40 000.

Die Celler frieren von Gottes Gnaden

29

Tour: Bummel durch die Einkaufsstadt Celle und durch die Baustilepochen mehrerer Jahrhunderte. Der Weg durch das alte Stadtzentrum ist nicht lang, der Eindruck dafür umso reizvoller.

Dauer: Nach Lust und Laune schauen, staunen und urbane Geschäftigkeit in historischem Ambiente genießen.

Familie: In fast jedem Fachwerkhaus der Altstadt befindet sich ein Geschäft. Während die Eltern »in Kultur machen«, können Jugendliche bummeln gehen und in den kleinen Läden stöbern.

Saison: Ganzjährig. Besonders stimmungsvoll ist der Weihnachtsmarkt im Dez auf dem Marktplatz Großer Plan, nicht zuletzt wegen der Knusperatmosphäre der Fachwerkfassaden.

Variante: Wer sich ein besonderes Theatererlebnis wünscht, sollte eine abendliche Vorstellung im Barocktheater des Celler Schlosses besuchen. Dann empfiehlt es sich in Celle zu übernachten. (Spielplan, Theaterkarten und Übernachtung über die Tourist-Info).

Anfahrt: *ÖPNV*: Ab Hannover mit S-Bahn, Regionalexpress oder Interregio nach Celle. *Kfz*: Die B 3 führt direkt ins Stadtzentrum. Rund um die Altstadt liegen ausgeschilderte Parkplätze und Parkhäuser.

1000 denkmalgeschützte Häuser

Das offizielle Celle geizt nicht mit Superlativen: »schönste Fachwerk- und Residenzstadt Deutschlands«, »Bundessieger und Vertreter Deutschlands im europaweiten Wettbewerb ›unsere Stadt blüht auf‹«. Aber auch bei nüchterner Betrachtung ist Celle ein historisches Schmuckkästchen, eine Stadt, in der 700 Jahre Geschichte in Baudenkmälern zu Stein und Fachwerk geworden sind. An der Struktur der Altstadt können wir noch heute die Handschrift der Geschichte gut erkennen. 1000 denkmalgeschützte Häuser – welche norddeutsche Stadt kann das bieten? Die meisten Gebäude sind Fachwerkhäuser, wie schmale Streichholzschachteln scheinen sie aneinander zu lehnen. Fast alle Häuser sind in Privatbesitz, die Eigentümer investieren viel in ihren Erhalt. Das ist einer der Gründe, warum Besucher in fast jedem Haus einen Laden finden. Die großen, bekannten Filialgeschäfte müssen in Celle ihre Markenzeichen zurücknehmen aus Rücksicht auf die pittoresken, historischen Fassaden.

Noch heute höfisches Theater erleben

Herzog Otto der Strenge gründete Celle 1292 im Mündungsdreieck der Flüsse Aller und Fuhse. Den städtebaulichen Beginn markierte ein Verteidigungsturm, an den Otto eine Wohnanlage anbauen ließ. Die Celler Herzöge ließen ihren Wohnsitz in den folgenden Jahrhunderten im jeweiligen Stil der Zeit aus- und umbauen. Heute finden sich im prächtigen Celler Schloss Merkmale der Gotik, der Renaissance und des Barock. Während der Schlossführungen dürfen Besucher im ältesten, noch heute bespielten Barocktheater Deutschlands Platz nehmen. Ein kleines Theater mit 330 Plätzen, errichtet als Hoftheater vom letzten Celler Herzog Georg-Wilhelm, einem Mann, der besonders die italienischen Künste liebte und nach Celle holte. Noch beeindruckender und wertvoller ist die mit großer Farbenpracht ausgestattete Schlosskapelle. In keiner zweiten Kirche nördlich der Alpen ist das üppige Renaissance-Dekor so vollständig erhalten wie hier.

Handschrift der Geschichte? Wir können noch erkennen, dass Celle bei der Gründung planmäßig angelegt wurde. Im Bauplan lässt sich die mittelalterliche Ständeordnung ablesen: das Schloss für den Adel, im gebührenden Abstand der Klerus, also der Kirchenbau, und dahinter erst das Rathaus mit der anschließenden Bürgerstadt. Planmäßig auch deshalb, weil die Stadt zunächst nur aus zwei parallel verlaufenden Straßen bestand: heute die Stechbahn und die Kanzleistraße. Ganze 250 Meter breit und 450 Meter lang war die 1 200 Einwohner zählende Stadt damals. So erklärt sich, warum die meisten Fachwerkhäuser giebelständig, also mit der schmalen Stirnseite zur Straße errichtet wurden.

Ein Architektur-Pudding

Gegenüber des Schlosses steht seit Anfang des 20. Jahrhunderts das Bomann-Museum, das drittgrößte niedersächsische Museum. Der Architekt hatte damals den Auftrag erhalten, möglichst alle Celler Baustile in einem Gebäude zu vereinigen. So sehen wir der Gotik nachempfundene Spitzbogenfenster, eine Renaissance-Fassade mit einem Barock-Eingang und an den Stirnseiten Fachwerk in der Mauer. Gelehrte nennen das Eklektizismus, der Heidedichter Hermann Löns spöttelte einfach vom »Architektur-Pudding«.

Am Bomann-Museum rechts vorbei gelangen wir in die Stechbahn. Sportliches Hauen und Stechen hat es hier tatsächlich gegeben, denn die Straße war im Mittelalter Turnierplatz der Herzöge. Als der Platz gepflastert wurde, kamen viele Hufeisen ans Tageslicht. Eines aus dem 15. Jahrhundert hat man nachgebildet und neben der alten Apotheke von 1530 in den Gehweg eingelassen. Wenn man sich draufstellt und sich etwas wünscht, geht der Wunsch in Erfüllung – man muss nur fest daran glauben und den Wunsch für sich behalten.

An der Stechbahn steht seit der Stadtgründung die gotische Marienkirche. Celle wurde schon sehr früh, nämlich 1527, lutherisch reformiert. Im krassen, aber schönen Widerspruch dazu steht die reichlich »katholische« Innenausstattung der Stadtkirche. Kein Wunder: Die schönen Stuckarbeiten des Barock stammen von dem italienischen Künstler, der im Auftrag des letzten Celler

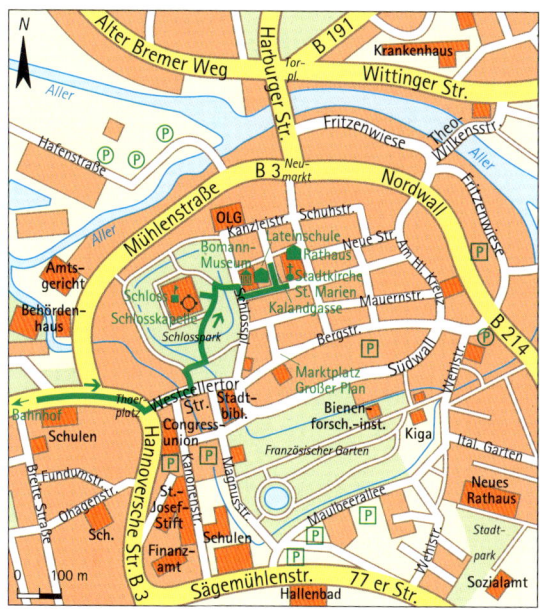

Herzogs auch das Schloss verzierte. Das Innere der Kirche ist für jeden kultur- und kirchenhistorisch Interessierten ein reiches Erlebnis.

Zweimal täglich steigt ein Turmbläser auf den 75 Meter hohen Kirchturm, um wie in alten Zeiten in alle vier Himmelsrichtungen einen Choral zu spielen. Das Trompetenspiel ist fast überall in der Celler Altstadt zu hören.

»... nich snacken, sabbeln und babbeln«

Im Schatten der Marienkirche, in der Kalandgasse, liegt die Lateinschule von 1602, ein typisches Renaissance-Fachwerkhaus mit üppigen Schnitzereien und Verzierungen. Die Ornamente findet man so oder ähnlich an vielen Fachwerkhäusern der Stadt. Einen ganz dicken Schnitzer hat sich ein Zimmermann in einem Balken des Hauses gegenüber der Lateinschule geleistet. Es ist heute nicht mehr feststellbar, ob es ein Flüchtigkeitsfehler oder eine politische Flegelei gegen die Obrigkeit war. Der Zimmer-

Gassen wie aus dem Bilderbuch muss man in Celle nicht lange suchen.

194

mann hat einen Buchstaben, nämlich das d in Friedrich, wegge-
lassen, und so steht auf dem Balken: »Von Gottes Gnaden frie rich
Herzog zu Braunswig«.

Die meisten Balkeninschriften sind nicht Lateinisch, sondern
Mittelhochdeutsch oder Plattdeutsch. Letztere stammen aus den
1920er-Jahren. Einer spiegelt besonders schön die Geschäfts-
tüchtigkeit der Celler Bürger wider, die bis in die Gegenwart viel
Geld und Mühe auf ihre schöne Altstadt verwenden: »Taupacken,
nich snacken, sabbeln und babbeln«.

Thomas Engelbrecht

Informationen:

Tourist-Information Tourismus-Region Celle GmbH, Markt
14–16, 29221 Celle, Tel. 0 51 41/12 12, Fax 0 51 41/
1 24 59, info@tourismus-region-celle.de, www.celle.de

Stadtführungen Apr Sa 14.30 und So 11.00, Mai–Okt Mo–
Sa 14.30 und So 11.00, Nov Sa 14.30 und So 11.00,
Dez Mo–Sa 14.30 und So 11.00. Tel. 0 51 41/55 07 14,
Fax 0 51 41/55 07 15, Preis: 4 €.

Herzogschloss, Schlossführungen tägl. außer Mo Nov–
März 11.00 und 15.00, Apr–Okt stündl. 11.00–15.00.
Preis: 3 €, ermäßigt 2 €.

Bomann-Museum, Schlossplatz 7, 29221 Celle,
Tel. 051 41/1 23 72, Fax 0 51 41/1 25 35,
bomann-museum@celle.de, Di–So 10.00–17.00.
Eintritt: 2,50 €, ermäßigt 1,50 €. Schwerpunkte der
Sammlung sind die Kultur- und Landesgeschichte
Niedersachsens sowie die Celler Stadtgeschichte. Im
Ostflügel des Celler Schlosses befindet sich eine große
Dauerausstellung zur Geschichte des Königreiches
Hannover.

Turmbesteigung Stadtkirche Apr–Okt Di–Sa 10.00–12.00
und 13.00–17.00. Bei Anmeldung Kirchenführung mit
Besichtigung der Fürstengruft möglich: Tel. 0 51 41/
77 35, www.stadtkirche-celle.de

Nützliche Adressen

TourismusMarketing Niedersachsen GmbH
Theaterstrasse 4-5
30159 Hannover
Tel. 05 11/2 70 48 80
Fax 05 11/27 04 88 88
www.reiseland-niedersachsen.de
info@tourismusniedersachsen.de

Landesvermessung und
Geobasisinformation Niedersachsen
Podbielskistraße 331
30659 Hannover
Tel. 05 11/6 46 090
Fax 05 11/64 60 91 65
info@lgn.niedersachsen.de
www.lgn.de und www.geolife.de

Tourismusverband Hannover Region e.V.
Prinzenstraße 12
30159 Hannover
Tel. 05 11/3 66 19´81
Fax 05 11/3 66 19 97
info@tourismus.hannover.de
www.tourismus.hannover.de

Naturpark Steinhuder Meer
Hildesheimer Str. 20
30169 Hannover
Tel. 05 11/9 89 22 11
Fax 05 11/9 89 12 22 27
www.naturpark-steinhuder-meer.de

Die Verführerinnen und Verführer

Thomas Engelbrecht, Jahrgang 1959, wandert gern, liebt das Radfahren und versucht seit Jahren mit mäßigem Erfolg, seine Töchter dafür zu begeistern, ihren Blick für die »Welt da draußen« zu weiten. Was er aufnimmt an Welt-Eindrücken, fasst er leidenschaftlich gern in Schriftform zusammen. Diese Leidenschaft hat er zum Beruf gemacht: Nach dem Studium der Geschichte und Politik arbeitete er 14 Jahre lang als Lokalreporter sowie als Redakteur und Chefredakteur bei verschiedenen Fachzeitschriften. Seit Herbst 2001 ist er freier Journalist.

Grit Engelbrecht, Diplom-Geografin, Jahrgang 1960, kann sich richtig versenken in die Welt der Karten. Einige Jahre lang arbeitete sie in der Kartenredaktion eines Fachverlages. Diese Erfahrungen verhalfen ihr später zu Aufträgen anderer Art: Sie recherchiert und schreibt die Begleithefte von Radwanderkarten für Niedersachsen. Schon vor der Arbeit am Ausflugsverführer durchstreifte sie in Gedanken die ausgedehnten Heide- und Waldlandschaften unseres Flächenlandes und kundschaftete attraktive Ziele für Freizeitgäste und Kurzurlauber aus.

Christiane Baer-Krause ist schon vor 40 Jahren am liebsten mit Opa in der Eilenriede herumgestrolcht. Stets galt es Kleingetier unterm Laub, Hase und Reh im Unterholz oder das Eichhörnchen am Buchenstamm aufzuspüren. Die Arbeit für den Ausflugs-Verführer hat diese alte Leidenschaft neu entfacht. Und wenn neben der Familie und der journalistischen Schreiberei für Jugendliche, Freizeittouristen und andere Zielgruppen Zeit bleibt, pirscht sie heute auf der Suche nach reifem Springkraut und anderen Attraktionen wieder durch Wiesen und Wälder.

Brigitte Lehnhoff, Jahrgang 1955, erkundet ihre nähere und weitere Umgebung seit Kinderzeiten am liebsten zu Fuß oder per Fahrrad. Für den Ausflugs-Verführer ist sie ausnahmsweise mal in die Luft gegangen. Die gebürtige Lüneburgerin lebt mit ihrer Familie am Deister. Das Schreiben hat sie erst nach einer kaufmännischen Lehre und dem Studium der Politik, Geschichte und Soziologie zu ihrem Beruf gemacht. Seit Ende der Neunziger arbeitet sie als freie Journalistin für Zeitung und Hörfunk.

V–Z